퇴계 선생 매화시첩

기태완 역주
이광호 감수

보고사
BOGOSA

머리말

이 책은 퇴계(退溪) 이황(李滉: 1501~1570) 선생의 『매화시첩(梅花詩帖)』을 번역하여 주석을 달고, 또 선생의 매화시를 이해하는 데 필요하다고 생각되는 몇몇 자료를 번역문과 함께 그 원문을 소개한 것이다.

퇴계 선생이 평생 남긴 매화시는 모두 72제(題) 107수인데, 이 가운데 62제 91수를 선생께서 손수 써서 따로 책으로 묶은 것이 바로 『매화시첩』이다. 이처럼 매화시만을 따로 묶은 것은 선생이 유독 매화를 혹호(酷好)하였기 때문이다. 선생이 평생 얼마나 매화를 좋아하였는지는 선생이 세상을 떠나던 날의 기록에서도 역력히 알 수 있다.

> 이날 아침(1570년 12월 8일) 모시고 있던 사람에게 "화분의 매화에 물을 주라"고 하셨다. 오후 다섯 시 경에 누운 자리를 정돈하라 하셨다. 부축하여 일으키니, 앉으신 채 조용하게 떠나가셨다.(『퇴계집』「연보」)

이처럼 선생은 세상을 떠나던 마지막 날까지 매화를 잊지 못하였던 것이다.

매화는 동아시아가 원산지인 나무인데, 일찍부터 그 열매로 만든 매실식초는 동아시아 고대인들에게 소금과 함께 없어서는 안 될 중요한 조미료였다. 그래서 고대문헌에서 소금과 매실식초는 항상 '염매(鹽梅)'라고 병칭되었다. 이런 이유로 『시경』에서는 매화의 열매가 꽃 대신 언급되었다.

매화가 문인들에게 본격적으로 주목받기 시작한 것은 이미 육조(六朝) 때부터였다. 포조(鮑照)는 〈매화락(梅花落)〉 시에서 서리 속에서 능히 꽃을 피워내는 매화의 자질을 지적하였고, 육개(陸凱)는 〈중범엽시(贈范曄詩)〉에서 강남에서 북쪽의 벗에게 매화를 꺾어 보내며 우정을 붙이었고, 하손(何遜)은 〈양주법조매화성개(揚州法曹梅花盛開)〉 시에서 양주 매화와의 해후를 읊었다. 이들은 모두 후대 매화시에서 전고로 빈번히 등장하는데, 퇴계 선생의 매화시에서도 또한 예외가 아니다.

그러나 매화의 순결성과 서리와 눈을 이겨내고 꽃을 피우는 강인한 정신은 송나라에 이르러 본격적으로 읊어지기 시작하였다. 특히 화정 선생(和靖先生) 임포(林逋)는 서호(西湖) 고산(孤山)에 매화 동산을 일구고, 많은 매화시를 짓고, 평생 매화와 더불어 산림처사로 일관함으로써 도연명(陶淵明)과 국화, 주돈이(周敦頤)와 연꽃의 관계처럼 매화에 대한 독보적 지위를 차지했다. 이로부터 매화는 영원한 산림처사의 꽃으로 상징되게 되었다.

퇴계 선생이 매화를 사랑한 것은 바로 산림처사로서의 상징성 때문이었다.

주 선생(朱先生: 주희)이 일찍이 동파(東坡)의 〈송풍정매화시(松風亭梅花詩)〉에 화답하였는데, "매화가 스스로 삼첩곡으

로 들어갔네(梅花自入三疊曲)"라는 말이 있었다. 대개 동파시 세 편은, 선생이 세 번 화답하여 모두 여섯 편이다. 편편마다 모두 선풍(仙風) 도운(道韻)이 있어서 매번 한번 외워보면 사람에게 표표연(飄飄然)하게 구름을 뚫는 기상을 지니게 하여서 그 흠모하고 애락(愛樂)하는 정을 이길 수가 없다. 나 역시 일찍이 동호매(東湖梅)에 두 번 화답하였고, 도산매(陶山梅)에 한 번 화답하였는데, 외람됨을 어찌 말로 할 수 있겠는가? 범석호(范石湖)는 석호(石湖)의 설파(雪坡)에 매화 수백 본(本)을 심었고, 또 범촌(范村)에 심은 매화는 더욱 많다. 장약재(張約齋)는 옥조당(玉照堂)에 매화 삼사백 주를 심었다. 대개 빼어난 아취와 맑은 감상은 그 많음을 꺼리지 않는다. 내가 계장산사(溪莊山舍)에 매화를 심은 것은 겨우 십여 본인데, 장차 점점 넓혀가서 백 본에 이르게 할 참이다. 그래서 언급한 것이다.(『퇴계집』〈영매(詠梅)〉시 자주(自注))

소동파의 〈11월 26일, 송풍정 아래 매화가 활짝 피었다(十一月 二十六日, 松風亭下, 梅花盛開)〉시 3수는 〈매화삼첩시〉라 불리며 역대 매화시 가운데 절창이라고 평가되는 작품이다. 주희는 이에 대해 6편의 화답시를 남겼는데, 선생 또한 3편의 화답시를 지었다. 석호(石湖) 범성대(范成大)는 손수 수백 그루의 매화를 가꾸며 『범촌매보(范村梅譜)』를 남겨서 매화 애호가들에게 많은 영향을 주었다. 약재(約齋) 장자(張鎡) 또한 많은 매화를 가꾸며 「옥조당매품(玉照堂梅品)」을 짓고, 많은 매화시를 남긴 문인으로서 명성이 자자한 인물이다. 선생은 수백 그루의 매화 동산을 가꾸었던 범성대와 장자를 부러워하며 자신도 장차 도산서당에 백 그루의 매화 동산을 일구겠다는 포부를 밝힌 것이다.

　그것은 평생 매화에 마음을 붙이고서 고산의 임포처럼 산림처사로 종신하겠다는 선생 스스로의 다짐이었던 것이다. 선생의 매화에 대한 혹호(酷好)는 결코 한 사물에 대한 집착이 아니고, 오히려 도연명이 국화를 사랑하고, 주돈이가 연꽃을 사랑함으로써 한 사물에 대한 집착을 영원히 벗어나고자 했던 것과 똑같은 것이었다고 할 수 있으리라.

　『매화시첩』에 수록된 시는 임인(1542, 중종 37)년 42세 때의 작품에서부터 선생께서 타계하신 해인 경오(1570, 선조 3)년 70세 때까지의 작품들이다. 그러므로『매화시첩』은 선생께서 돌아가시기 불과 몇 달 전에, 평생 제작하였던 매화시들 가운데서 특별히 선발하여 손수 써서 묶은 것이라 짐작된다.

　번역은 직역을 원칙으로 하였고,『매화시첩』에서 언급하고 있는 역대 유명한 매화시와 매화에 대한 관련 자료를 참고란과 부록을 통하여 최대한 소개하여 독자들의 매화시에 대한 이해를 돕고자 했다. 끝으로 몇몇 역주는 이가원 선생의『퇴계시 역주』를 참고하였음을 밝혀둔다.

2007년 2월 정취재에서 기태완

두 번째 머리말

퇴계 선생의 『매화시첩』은 여러 시기에 거쳐 여러 번 간행된 것이 아닌가 싶다. 지난번에 펴낸 『퇴계매화시첩』은 이식(李拭: 1500(연산군 6)~1587(선조 20))이 황해도감사를 지내던 1573년에 허엽(許曄: 1517~1580)에게 발문을 받아 황해도 관아에서 간행한 판본을 저본으로 한 것이었다.

이번에 다시 펴내게 된 『퇴계 선생 매화시첩』은 연세대 이광호 선생의 소장본을 저본으로 한 것이다. 이 선생의 소장본이 책의 체재나 일부 내용상 퇴계 선생의 친필본에 가깝다고 여겨졌기 때문에 재판을 낸 계기가 되었다. 여기에 대한 서지학적 검증은 아직 없는 실정이다.

이 선생은 지난 해 틈틈이 기존의 『퇴계매화시첩』과 소장본을 대조하며 서예연습을 했는데 일 년여에 걸쳐 전체를 모두 모사했다. 두 본의 글자 출입을 찾아내고, 아울러 기존 번역을 감수하여 몇몇 오류를 바로잡았다.

이 책에 실린 도산서원의 매화와 그 밖의 자료사진은 올봄에 출판사에서 직접 안동에 가서 찍은 것인데, 이 중 몇몇은 사진작가 김길효 선생이 제공해준 것이다. 김 선생께 감사드린다.

소중한 소장본을 제공하고, 감수의 노고를 기꺼이 맡아주신 이광호 선생께 감사드리며, 아울러 책을 흔쾌히 간행해준 김흥국 사장께도 진심으로 감사드린다.

2011년 8월 정취재에서 기태완

차례

머리말 … 3
두 번째 머리말 … 7

옥당의 매화를 추억하다(玉堂憶梅) ·· 16
동호 독서당의 매화가 늦봄에 비로소 피었다. 동파의 운을 사용하다
　　(東湖讀書堂梅花暮春始開, 用東坡韻) ·· 18
망호당에서 매화를 찾다(望湖堂尋梅) ·· 28
다시 전운을 사용하여, 민경열에게 답하다(再用前韻, 答閔景說)
　　·· 30
퇴계초당에서 황중거가 찾아옴을 기뻐하며(退溪草屋. 喜黃仲擧來訪)
　　·· 32
임자년 정월 2일 입춘(壬子正月二日立春) ···································· 34
깊은 거처(幽居) ·· 36
채거경의 묵매에 적다. 2수(題蔡居敬墨梅, 二首) ························ 38
추회 11수 중 1수(秋懷十一首之一) ··· 40
고산에서 매화를 읊다(孤山詠梅) ··· 42
매화(梅花) ··· 44
숲 속 거처의 이른 봄에(林居早春) ··· 46
절우사(節友社) ·· 48
감사(感事) ··· 52

8

매화 화단의 맑은 향기(梅塢淸香) ·· 54

벗에게 답하다(答友人) ·· 58

매화그림에 적다(題畫梅) ·· 60

절우사 매화가 늦봄에 비로소 피었다. 지난날 갑신년 동호에서 매
화를 감상하며 동파의 운자로 두 수의 시를 지었던 것을 추억하
니, 문득 19년이 흘렀다. 다시 한 편을 차운하여 동사의 여러 벗들
에게 보인다. 옛 생각으로 인하여 지금을 감개한 뜻이다(節友社梅
花, 暮春始開. 追憶往在甲辰歲, 在東湖賞梅, 用東坡韻賦詩二首, 忽忽
十九年矣. 因復和成一篇以示同舍諸友, 從來思舊感今之意云) ······· 64

매화나무 끝의 밝은 달(梅梢明月) ·· 68

고산 매화에 숨은 은자(孤山梅隱) ·· 70

이강이의 방문을 받고 달빛 아래 매화를 읊다(李剛而見訪, 月下詠梅)
·· 72

서호에서 학을 벗하다(西湖伴鶴) ·· 74

도산으로 매화를 찾아가니, 지난겨울 추위가 심하여 꽃봉오리가 상
하고, 남은 꽃이 늦게 피었는데 초췌하여 가련하였다. 이를 탄식
하여 이 시를 지었다(陶山訪梅, 緣被去冬寒甚, 蕊傷, 殘芳晩發, 憔
悴可憐, 爲之嘆息賦此云) ·· 76

김군 이정이 도산에 나가 놀다 유숙하고, 이튿날 아침에 한 절구를
부쳐왔기에 차운하여 보내다(金君而精, 出遊陶山, 留宿, 明早, 見
寄一絶, 次韻却寄) ·· 78

삼월 십삼 일 도산에 이르니, 매화가 추위에 손상됨이 지난해보다 심
하였다. 온실의 대나무도 초췌하였다. 지난봄의 한 율시의 운자
에 차운하여 감개하고 탄식하는 뜻을 보였다. 마침 정자중도 역시

언약이 있었다(三月十三日, 至陶山, 梅被寒損, 甚於去年. 簧竹亦悴. 次去春一律韻, 以見感歎之意. 時鄭子中亦有約) ·················· 80

감회를 붙이다(寓感) ··· 82

쌍청당에서 조송강의 운에 차운하다(雙淸堂趙松岡韻) ············ 86

매화를 꺾어와 책상 위에 꽂아두다(折梅揷置案上) ················ 88

이십 일일에 우연히 쓰다(二十一日, 偶題) ························ 90

정자중의 편지를 받고, 퇴의 어려움에 더욱 탄식하며, 시를 지어 뜰의 매화에게 물었다(得鄭子中書, 益嘆進退之難, 吟問庭梅) ········ 92

매화가 답하다(梅花答) ······································· 94

늦봄에 소명을 사양하고 도산으로 돌아와 매화와 문답하다(季春, 辭召命, 還陶山, 梅花問答) ······································· 96

매화가 답하다(梅答) ··· 98

정묘년(1567년) 답청일에 병석에서 일어나 혼자 도산으로 나갔다. 진달래와 살구꽃이 어지럽게 피었고, 창문 앞 작은 매화가 옥설이 가지에 맺힌 듯 새하얗게 피어 참으로 사랑스러웠다(隆慶丁卯踏靑日, 病起, 獨出陶山. 鵑杏亂發, 窓前小梅, 皓如玉雪團枝, 絶可愛也) ·· 100

다시 도산의 매화를 찾다. 십수 절구(再訪陶山梅 · 十絶) ·············· 104

대성의 이른 봄에 핀 매화를 읊은 시를 차운하다. 무진(戊辰)년(用大成早春見梅韻) ··· 112

김돈서의 매화시에 차운하다(次韻金惇敍梅花) ···················· 124

기사년 정월 계당의 어린 매화 소식을 듣고 회포를 적다. 2수(己巳正月, 聞溪堂小梅消息. 書懷. 二首) ······························ 128

도산의 매화를 생각하다. 2수(憶陶山梅. 二首) ························· 130

한성 우사에서 분매와 주고받다(漢城寓舍, 盆梅贈答) ············· 132

분매가 답하다(盆梅答) ··· 134

늦봄에 도산에 이르러 산매와 주고받다. 2수(季春, 至陶山, 山梅贈答. 二首) ··· 136

주인이 답하다(主答) ·· 136

늦봄에 도산정사에 돌아와 머물며 본 바를 적다(暮春, 歸寓陶山精舍, 記所見) ··· 138

기명언이 분매시에 화답하여 보내온 것에 차운하다(次韻奇明彦追和盆梅詩見寄) ·· 140

도산의 달밤에 매화를 읊다(陶山月夜, 詠梅) ························· 142

매화 아래서 이굉중에게 주다(梅下, 贈李宏仲) ······················ 148

김언우와 신중의 매화운에 차운하다(次金彦遇愼仲梅花韻) ········· 150

매화를 읊다(永梅) ·· 154

신중의 〈불급상매〉시에 차운하다(次韻愼仲不及賞梅) ············ 156

읍청정 주인 김신중이 분에 매화를 길렀는데, 동짓달 그믐날 계장에 대설이 내릴 때 매화 한 가지와 시 두 절구를 부쳐왔다. 맑은 아취가 숭상할 만하여 차운하여 갚았다. 이로 인하여 지난 봄 서울에서 얻은 분매가 몹시 아름다웠는데, 얼마 후 동으로 돌아와서 그리움을 그치지 못했던 일을 기억하고, 뒤에다 아울러 언급하였다(挹淸主人金愼仲, 盆養梅花. 至月晦日, 溪莊大雪中, 寄來梅一枝詩二絕. 淸致可尙, 次韻奉酬. 因記得去春都下, 得盆梅甚佳, 未幾東歸, 思之未已. 於後併及之) ··· 158

언우와 돈서가 함께 방문하여 신중의 분매운으로 짓다. 2수(彦遇, 惇敍同訪, 愼仲盆梅韻, 二首) ··· 162

언우의 〈눈 속에 매화를 감상하고 다시 달 밝은 때를 약속하다〉 시의 운에 차운하다(彦遇雪中賞梅, 更約月明韻) ················· 164

신중의 〈언우와 돈서에게 주다〉 시의 운에 차운하다(愼仲贈彦遇, 惇敍韻) ·· 166

또 눈과 달빛 속에 매화를 감상한 시운에 차운하다(又雪月中賞梅韻) ·· 168

경오년 한식날 장차 안동에 있는 선조의 묘에 가서 참배하려 하였는데, 후조당 주인 김언우가 그때 돌아오는 길에 나를 맞이하여 매화를 감상하고자 하였다. 나는 이미 허락하였는데, 떠나라고 했을 때 때마침 소명이 내렸다. 이미 소명에도 감히 가지 못하여, 황공하여 가는 것을 그만두고 마침내 기약을 어기게 되었다. 이 때문에 슬프게 회포가 있어서 네 절구를 얻었는데, 후조당 매화와 서로 증답하는 것처럼 하여 언우에게 보내어 한번 웃음을 짓게 한다(庚午寒食, 將往展先祖墓於安東, 後凋主人金彦遇, 擬於其還, 邀入賞梅. 余固已諾之. 臨發, 適被召命之下, 旣不敢赴, 惶恐輟行, 遂至愆期. 爲之悵然有懷, 得四絶句, 若與後凋梅相贈答者, 寄呈彦遇, 發一笑也) ·· 170

후조당 매화가 답하다(後凋梅答) ····························· 174

내가 언우에게 준 시에서 "저쪽에서 매화를 찾아갈 약속을 저버렸으나 또한 도산매가 있어서 충분히 위로가 된다"고 하였는데, 언우가 계상에 찾아와 도산의 절우사를 둘러보고 말하기를 "매화가 추위에 손상이 매우 심하여 꽃이 필 것을 기필할 수 없습니다"라

고 하였다. 나는 그 말을 듣고 반신반의하였다. 언우의 시에 차운
하여 스스로 위로하고 또한 언우에게 보이고자 한다. 2수(余贈彥
遇詩, 謂雖負尋梅於彼, 亦有陶山梅, 足以自慰. 已而, 彥遇來訪溪上,
歷陶社云. 梅被寒損特甚, 著花未可必. 余聞之, 將信將疑. 用彥遇韻以
自遣, 且以示彥遇. 二首) ··· 176

도산 매화가 겨울 추위에 손상당하여 탄식하며 읊은 시를 김언우에
게 보내고 아울러 신중과 돈서도 보게 하였다(陶山梅爲冬寒所傷,
歎贈金彥遇, 兼示愼仲, 惇敍) ·· 180

계재에서 밤에 일어나 달을 마주하고 매화를 읊다(溪齋夜起, 對月詠
梅) ·· 184

언우가 보낸 시에 차운하다(次韻彥遇見寄) ······························· 186

서울에 있는 분매를 호사자 김이정이 손자 안도에게 부탁하여 배에
실어 부쳐왔다. 기뻐서 한 절구를 지었다(都下盆梅, 好事金而精,
付安道孫兒, 船載寄來. 喜題一絕云) ·· 188

붙임

허엽(許曄)의 「도산기발(陶山記跋)」 ·· 192

범성대(范成大)의 『범촌매보(范村梅譜)』 ·· 194

    강매(江梅) ·· 194

    조매(早梅) ·· 195

    관성매(官城梅) ·· 196

    고매(古梅) ·· 197

    중엽매(重葉梅) ·· 199

녹악매(綠萼梅) ··· 199

백엽상매(百葉緗梅) ······································ 200

홍매(紅梅) ·· 200

원앙매(鴛鴦梅) ··· 202

납매(蠟梅) ·· 202

후서(後序) ·· 203

고봉(高峯) 기대승(奇大升)의「퇴계 선생의 매화시에 차운하다. 칠언 절구 8수(仰次退溪先生梅花詩, 七言絕句八首)」············· 205

송경(宋璟)의「매화부 병서(梅花賦 并序)」············· 209

장자(張鎡)의「옥조당매품(玉照堂梅品)」··············· 215

    꽃과 잘 어울리는 것(花宜稱) 26조(條)··········· 217

    꽃이 미워하는 것(花憎嫉) 14조····················· 218

    꽃이 영광되게 총애 받는 것(花榮寵) 6조········· 218

    꽃이 굴욕 받은 것(花屈辱) 12조··················· 219

유종원(柳宗元)의「조사웅이 매화 아래에서 취하여 쉬다(趙師雄醉憩梅花下)」··· 220

『송시초(宋詩鈔)』의「임포화정시초(林逋和靖詩鈔)」······ 222

이황(李滉)의「도산잡영 병기(陶山雜詠 并記)」········ 224

이이순(李頤淳)의「매화삼첩곡발(梅花三疊曲跋)」····· 233

뒷말 ··· 237

퇴계 선생 매화시첩

옥당의 매화를 추억하다

玉堂憶梅[1]

한 그루 마당의 매화가지에 눈이 가득하여
풍진 속 호해에서 꿈을 이루지 못하네
봄밤 달빛 아래 옥당에서 앉아 마주했는데
기러기 소리 속에 그리움이 있네

一樹庭梅雪滿枝　　風塵湖海夢差池[2]
玉堂坐對春宵月　　鴻雁聲中有所思

---

1) 임인(壬寅: 1542, 중종37)년 42세 때의 작품임. 『퇴계집』「연보」에 의하면, 이 해 2월에 홍문관부교리(弘文館副校理)에 임명되었는데, 항상 용퇴할 뜻을 지니고서, 봄날 옥당(玉堂)에서 숙직을 서며 위 시를 지었다고 하였음. 옥당은 홍문관의 별칭.
2) 호해(湖海): 서울에서 멀리 떨어진 지방을 말함.
　차지(差池): 참치(參差)와 같음. 가지런하지 않은 모양.

玉堂懷梅 壬寅

一樹庭梅雪滿枝風塵湖海夢差池玉
堂對春宵月鴻雁聲中有所思

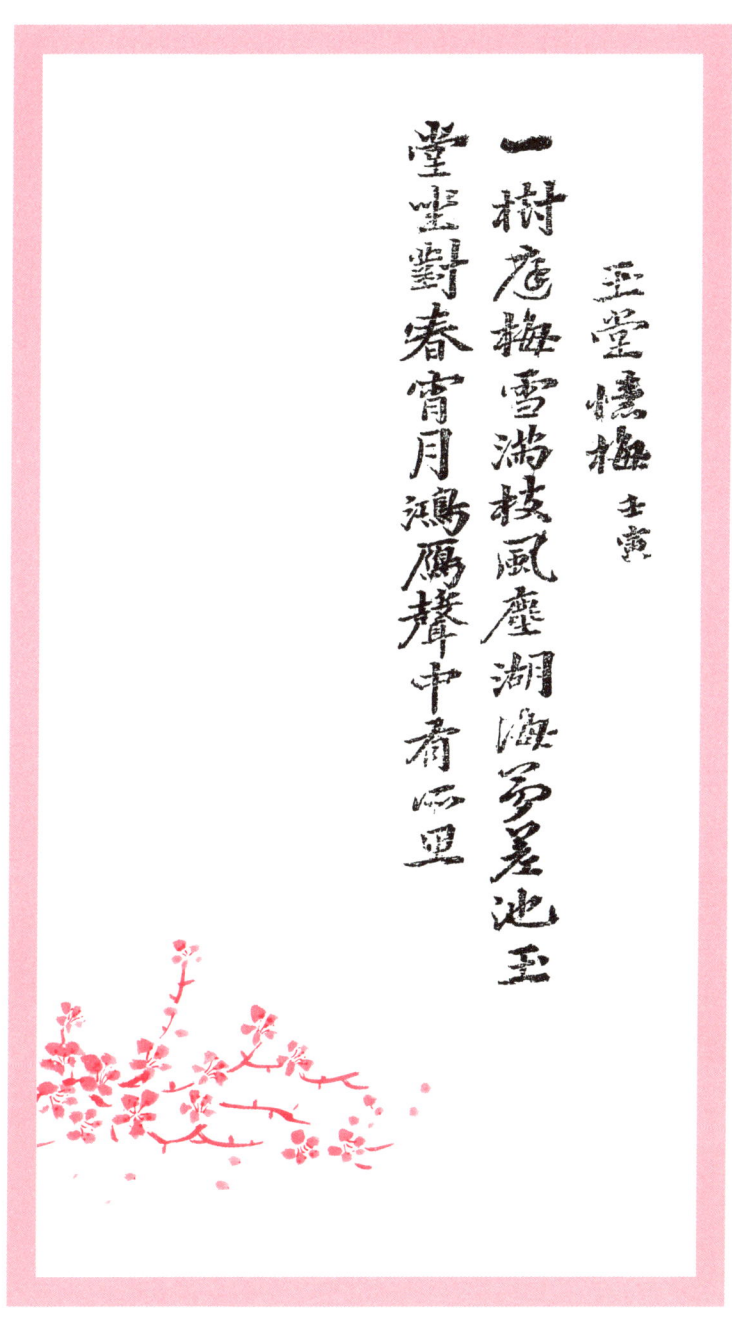

동호 독서당의 매화가 늦봄에 비로소 피었다. 동파의 운을 사용하다

東湖讀書堂梅花暮春始開, 用東坡韻[1]

1
내 지난날 남쪽에서 노닐며 매화촌을 방문했는데
바람과 안개 속에 매일 매일 시혼이 잠기었네
하늘 끝에서 혼자 마주하고 국색에 감탄하고
역로에서 꺾어 부치며 먼짓길 어두움을 슬퍼했네
근래 한양으로 와서 괴롭게 그리워하며
맑은 꿈이 밤마다 고향집 정원으로 날아가네
이곳이 바로 서호임을 어찌 알랴
다시 만나 서로 보니 한 웃음이 따뜻하네
향기로운 마음이 적막하게 저무는 봄 뒤에 있는데
옥 같은 모습은 아리땁게 아침햇살 맞이하네
학을 동반한 고인은 산을 나서지 않고
임금수레를 사양한 정절의 여인은 항상 문을 닫아두네
하늘이 늦게 피워 복사꽃과 살구꽃을 압도케 하니
묘처를 시인의 말로는 다 표현할 수가 없네
아리따운 모습에 어찌 철석의 심장이 방해되랴
병든 몸이지만 술동이 들고 감을 사양하지 않으리

我昔南遊訪梅村　　風烟日日銷吟魂[2]
天涯獨對歎國艶[3]　驛路折寄悲塵昏[4]
邇來京輦苦相憶[5]　淸夢夜夜飛丘園[6]
那知此境是西湖[7]　邂逅相看一笑溫
芳心寂寞殿殘春　　玉貌婥約迎初暾
伴鶴高人不出山[8]　辭輦貞姬常掩門[9]
天敎晚發壓桃杏　　妙處不盡騷人言
媚嫵何妨鐵石腸　　莫辭病裏携罍罇

---

1) 『퇴계집(退溪集)』에는 제목이 「湖堂梅花, 暮春始開. 用東坡韻, 二首. 春赴召後.」로 되어 있음. 자주에 "갑신년 봄 조정의 부름에 나아간 후이다"라고 하였음. 「연보」에 의하면, 1544(중종 39)년 2월에 홍문관교리로 소환되었을 때 이 시를 지었다고 하였음. 44세 때의 작품임.
2) 음혼(吟魂): 시혼(詩魂).
3) 국염(國艶): 국색(國色). 빼어난 미모.
4) 육조(六朝): 송(宋)나라 육개(陸凱)의 〈증범엽시(贈范曄詩)〉를 인용하였음.
5) 경련(京輦): 나라의 수도를 말함.
6) 구원(丘園): 고향집의 정원.
7) 서호(西湖): 송나라 임포(林逋)가 은거한 고산(孤山)이 있는 항주(杭州)의 호수.
8) 반학고인(伴鶴高人): 임포는 고신에 은거하여 학과 매화를 키우며 20년 동안 성시(城市)에 나간 적이 없다고 함. 고인(高人)은 고사(高士).
9) 한(漢)나라 성제(成帝)가 후원에서 놀 때, 반첩여(班婕妤)와 수레를 함께 타려 하였다. 반첩여가 말하기를 "옛 그림 중에 나타난 성군(聖君)은 모두 어진 신하가 옆에 있고, 혼주(昏主)는 다만 애첩(愛妾)이 있었을 뿐입니다"라고 하며 사양하였음.

참고

매화 꺾어 역사를 만나

농두 사람에게 부쳤네

강남에는 지닌 것이 없어서

애오라지 한 가지의 봄을 보냈네

折梅逢驛使　　寄與隴頭人
江南無所有　　聊贈一枝春

― 육개(陸凱) 〈증범엽시(贈范曄詩)〉

2

막고산인이 섣달 눈 속 마을에서

형체를 수련하여 한매의 혼으로 변하였네

바람이 눈을 불어 씻어주니 본래의 참모습이 드러나

옥색의 천연스러움이 세상의 어둠 속에 빼어났네

고상한 정취가 여러 꽃을 읊은 〈이소〉에 들어가지 못하고

천년 만에 고산의 동원에서 한 번 웃었네

세상 사람들은 알지 못하여 심저량 같음을 탄식하지만

지금 내 홀로 목격하니 온백설자 만남을 기뻐하네

정신 맑고 뼈가 차가움을 사물이 스스로 깨쳤으니

지극한 도는 붉은 놀을 먹을 필요가 없다네

엊저녁 흰옷 입은 선녀를 만나

함께 흰 봉황을 타고 천문으로 날아갔네

섬궁에서 옥절구의 불사약을 받기를 청하니

직녀가 앞에 인도하고 항아가 말하였네
깨어나니 기이한 향기가 가슴과 소매에 가득한데
달빛 아래 가지 붙잡고 한 술동이를 기울이네

藐姑山人臘雪村[1]　鍊形化作寒梅魂[2]
風吹雪洗見本眞　玉色天然超世昏
高情不入衆芳騷[3]　千載一笑孤山園[4]
世人不識嘆類沈[5]　今我目擊欣逢溫[6]
神淸骨凜物自悟　至道不假餐霞暾[7]

---

1) 막고산인(藐姑山人): 막고야산(藐姑射山)에 산다는 선인(仙人). 『장자(莊子)·소요유(逍遙遊)』에 "막고야산에 신인(神人)이 산다. 피부가 빙설(氷雪) 같고, 아름답기가 처자(妻子) 같다"라고 하였음.
2) 연형(鍊形): 도가(道家)에서 자신의 형체를 수련함을 말함.
3) 중방소(衆芳騷): 소(騷)는 굴원(屈原)의 「이소(離騷)」. 「이소」에는 다양한 꽃과 나무가 등장하나 매화는 언급하지 않았음.
4) 고산원(孤山園): 고산(孤山)은 절강(浙江) 항주(杭州) 서호(西湖) 안에 있는 산. 송(宋)나라 임포(林逋)가 이곳에 은거하여 매화를 심고 학을 기르며 살았음. 사람들이 그를 고산처사(孤山處士)라고 불렀음. 임포는 항주 전당(錢塘) 사람으로 자는 군복(君復)인데, 평생 독신으로 학과 매화를 기르며 살았기 때문에 사람들이 매처학자(梅妻鶴子)라고 하였음. 시호는 화정(和靖).
5) 심(沈): 춘추시대의 섭공(葉公) 심저량(沈諸梁). 일찍이 공자(孔子)가 어떤 사람인지를 자로(子路)에게 물었으나 사로가 대답하지 않았음.
6) 목격(目擊)이 『퇴계집』에는 독득(獨得)으로 되어 있음. 온(溫): 춘추시대의 온백설자(溫佰雪子). 노(魯)나라에 머물렀을 때 공자(孔子)가 찾아가 만났음. 송경(宋璟)의 「매화부(梅花賦)」에서 "온백설자가 도(道)가 존재함을 목격하는 듯하다"라고 한 것을 인용한 것임.
7) 찬하돈(餐霞暾): 아침놀을 먹음. 신선술을 말함.

21

昨夜夢見縞衣仙[8]　同跨白鳳飛天門
蟾宮要授玉杵藥[9]　織女前導姮娥言[10]
覺來異香滿懷袖　月下攀條傾一罇

---

8) 호의선(縞衣仙): 매화의 정령을 말함. 유종원(柳宗元)의 「조사웅이 취하여 매화 아래서 쉬다(趙士雄醉憩梅花下)」를 인용하였음.
9) 섬궁(蟾宮): 월궁(月宮). 전설에 의하면 예(羿)가 서왕모(西王母)에게서 불사약을 얻었는데, 그 부인 항아(姮娥)가 그것을 훔쳐 달로 달아났다가 두꺼비로 변하였다고 함.
10) 직녀(織女)와 항아(姮娥)는 전설 속 선녀.

참고
위 시가 차운한 소식(蘇軾)의 시는 이른바 매화 삼첩운(三疊韻)이라 하는데 매화시의 절창이라 평가된다.

춘풍령 위 회남마을
지난날 매화에 애끊었는데
어찌 떠돌며 다시 볼 줄 알았으랴?
만풍과 연우 속 황혼에 근심하네
긴 가지의 꽃이 반이나 떨어진 여지포
누운 나무 홀로 빼어난 광랑원
어찌 오로지 그윽한 빛에 밤빛만 머물렀나?
다만 냉염함이 겨울의 따뜻함을 물리칠까 두렵네
송풍정 아래 가시나무 속에
두 그루 옥 같은 꽃술에 아침 햇살이 밝네
해남의 선운은 어여쁘게 섬돌에 떨어지고

달빛 아래 흰옷 입고 와서 문을 두드리네
술 깨고 꿈 깨어 일어나 나무를 도니
묘한 뜻이 있으나 끝내 말로 할 수 없네
선생은 홀로 술 마시며 탄식 마오
다행히 달 지면 맑은 술잔을 엿볼 수 있으리라

春風嶺上淮南村	昔年梅花曾斷魂
豈知流落復相見	蠻風蜑雨愁黃昏
長條半落荔支浦	臥樹獨秀桄榔園
豈惟幽光留夜色	直恐冷艷排冬溫
松風亭下荊棘裏	兩株玉蕊明朝暾
海南仙雲嬌墮砌	月下縞衣來扣門
酒醒夢覺起繞樹	妙意有在終無言
先生獨飲勿歎息	幸有落月窺清樽

— 소식(蘇軾) 「11월 26일 송풍정 아래 매화가 활짝 피었다
(十一月二十六日, 松風亭下, 梅花盛開)」

나부산 아래 매화촌
옥설로 뼈를 이루고 얼음으로 혼을 삼았네
분분한 흰빛 처음엔 달빛이 나무에 어렸나 싶었는데
외롭게 홀로 삼성과 함께 황혼에 기울어 있구나
선생의 외로운 거처 강해 가에 있는데
병든 학처럼 근심 띠고 황폐한 원림에 머무네
빼어난 향기와 아름다운 자태로 기꺼이 돌아보아 주니
내가 술 취하고 시 또한 청온함을 알았던가
봉래궁중의 화조사
부상의 아침 햇살 속 녹의도괘
숲 속에서 내가 취해 누워 있음을 살펴보고

일부러 딱따구리를 보내 먼저 문을 두드리게 하여
마고선녀가 그대를 방문하니 급히 청소를 하라 이르니
새가 능히 춤추고 노래하며 꽃이 능히 말을 하는구려
술 깬 사람들 돌아가고 산 속은 적적한데
다만 떨어진 꽃잎만 빈 술잔에 붙어 있네

羅浮山下梅花村　　玉雪爲骨氷爲魂
紛紛初疑月挂樹　　耿耿獨與參橫昏
先生索居江海上　　悄如病鶴棲荒園
天香國艶肯相顧　　知我酒熟詩清溫
蓬萊宮中花鳥使　　綠衣倒挂扶桑暾
抱叢窺我方醉臥　　故遣啄木先敲門
麻姑過君急掃灑　　鳥能歌舞花能言
酒醒人散山寂寂　　惟有落蕊黏空樽

—소식 「다시 이전의 운을 사용하다(再用前韻)」

옥비가 귀양와서 떨어진 안개비 속의 마을
선생은 시를 지어 혼을 부르네
인간 세상의 초목은 내가 대할 바가 아니니
달로 달아나 계수나무와 짝이 되어 그윽한 어둠을 이루네
암향이 문으로 들어와 짧은 꿈을 찾는데
푸른 열매는 가지에 매달려 소원에 머물렀네
옷 걸치고 밤을 이어 객을 불러 술 마시니
눈빛 꽃잎 땅에 가득하여 서로 따뜻하네
송진 등불이 자리를 비춰 근심으로 잘 수 없는데
정화수가 뱃속으로 들어오니 맑게 아침햇살이 돋네
선생은 연래 육십이 되어

도안이 이미 불이문에 들었네
다정한 좋은 일에 습기가 남는데
꽃을 애석해하며 차마 끝내 말이 없네
한 사물에 집착하는 것은 나의 허물이로다
웃으며 백벌로 술항아리를 비우네

玉妃謫墮煙雨村　　先生作詩與招魂
人間草木非我對　　奔月偶桂成幽昏
闇香入戶尋短夢　　青子綴枝留小園
披衣連夜喚客飲　　雪膚滿地聊相溫
松明照坐愁不睡　　井華入腹清而暾
先生年來六十化　　道眼已入不二門
多情好事餘習氣　　惜花未忍終無言
留連一物吾過矣　　笑領百罰空罍樽

　　　　－소식「꽃이 진후 다시 이전의 운에 차운하다(花落復次前韻)」

莫辭病裏擁瓦罇

又

咏雪洗出本真正色天然超世袋高標
不入眾芳騷千載一嘯孤山圓世人不
識嘆類沈今我目擊欣逢溫神清骨凜
姁句悟至道不假鼙露瞰非梅豈見偶
衣仙同跨白鳳飛天門蟾宮要授玉杵
樂儀女前擘姮娥言覺東異香滿懷袖
月下舉條傾一樽

東湖讀書堂梅花暮春始開 用東坡韻○甲
辰春赴
台灣

我昔南遊訪梅村風煙日日銷冷魂
涯獨對歎國艷驛路折寄悲塵昏連
京華苦相憶清夢夜夜飛丘歌知此
境是西湖邐迤相看一哦溫岑心寂寞
殿殘春玉貌嬋娟迎初曉伴鶴高人不
出山辭輦貞姬常擁門天敎晚發塵挑
吝妙雯不盡騷人言媚嫵何妨鐵石腸

망호당에서 매화를 찾다
望湖堂尋梅[1]

망호당 안 한 그루 매화
몇 번이나 봄을 찾아 말을 달려 왔던가?
천 리 돌아가는 길에 너를 저버리기 어려워
문 두들겨 다시 옥산퇴를 이루네

望湖堂裏一株梅[2]　　幾度尋春走馬來
千里歸程難汝負　　敲門更作玉山頹[3]

---

1) 망호당(望湖堂): 호당(湖堂)에 있었던 건물. 자주에 "병오년 중춘. 장차 영남으로 돌아가려 하면서"라고 하였음. 「연보」에 의하면, 1546(명종원년)년 2월에 휴가를 얻어 장인 권질(權礩)의 장례를 지냈다고 하였음. 46세 때의 작품임.
2) 리(裏)가 『퇴계집』에는 상(上)으로 되어 있음.
3) 옥산퇴(玉山頹): 술에 취해 쓰러지는 것. 혜강(嵇康)이 술에 취하면 옥산(玉山)이 무너지는 듯하였다고 함. 옥산붕(玉山崩) 혹은 옥산도(玉山倒)와 같음.

望湖堂尋梅 壬午仲春將歸嶺南

望湖堂裏一株梅　袈裟尋春畫馬來
千里歸程難後貞　敲門更作玉山頹

다시 전운을 사용하여, 민경열에게 답하다
再用前韻, 答閔景說

호수 가에 이미 매화가 피었는데
은 안장의 호탕한 객은 오지 않는다네
다만 초췌하게 남으로 가는 사람을 동정하니
한 차례 취하여 그대와 함께 날 저묾에 이르네

聞道湖邊已放梅　　銀鞍豪客不曾來
獨憐憔悴南行子　　一醉同君抵日頹

再用前韻答徐景況

閒邊湖上又放梅眼鵝束室不曾來獨
燦燉悴向乃子一醉同君抵日頹

퇴계초당에서 황중거가 찾아옴을 기뻐하며
退溪草屋, 喜黃仲擧來訪[1]

퇴계 가에서 그대 만나 의문스러움을 풀어보며
막걸리를 걸러 다시 그대에게 권하네
천공이 도리어 매화가 늦음을 한스러워하여
일부러 잠깐 사이에 눈을 가지에 가득하게 하였네

溪上逢君叩所疑　濁醪聊復爲君持
天公卻恨梅花晩　故遣斯須雪滿枝

---

1) 『퇴계집』에는 제목이 「退溪草屋, 喜黃錦溪來訪」으로 되어 있고, 그 자주에 "경술(庚戌)년 군수를 파직하고 귀향한 후이다(罷郡歸鄕後)"라고 하였다. 「연보」에 의하면, 1549(명종 4)년 12월에 풍기군수(豊基郡守)를 사직하고 와서, 1550년 2월에 퇴계 서쪽에 한서암(寒栖菴)을 짓고 그곳에서 기거하였다고 하였음. 황중거(黃仲擧)는 황준량(黃俊良), 중거는 그의 자. 호는 금계(錦溪). 성주목사(星州牧使)를 지냄.

退溪草屋喜黃仲舉來訪

溪上逢君叩所疑濁醪聊復為君天
出却恨梅花晚破遲欲斯須更凌紋

임자년 정월 2일 입춘

壬子正月二日立春[1]

누런 책 중간에서 성현을 대하고
환한 한 서실에서 초연히 앉아있네
매화 핀 창에서 또 봄소식을 보니
요금을 향해 현이 끊어질 것을 탄식하지 마오

黃卷中間對聖賢　　虛明一室坐超然
梅窓又見春消息　　莫向瑤琴嘆絕絃

---

1) 임자년은 1552(명종7)년. 52세 때의 작품임.

壬子四月二日孟春
黃卷中間對聖賢虛明一室坐超然梅
窓又見春濃處漢向瑤琴嘆絕絃

깊은 거처

幽居[1]

깊은 거처의 일미는 한가히 일이 없음인데
남들은 한가한 생활을 싫어하나 내 홀로 사랑하네
동헌에 술을 두니 성인을 대한 듯하고
남국에서 매화를 얻으니 신선을 만난 듯하네
바위 샘물은 벼루에 맺히고 구름은 붓에서 피어나고
산달은 침상에 들어오고 이슬은 책에 뿌려지네
병들었어도 때로 나른한 독서에 방해되지 않고
그대 미소를 좇으니 배가 부르네

幽居一味閒無事　人厭閒居我獨憐
置酒東軒如對聖　得梅南國似逢仙
巖泉滴硯雲生筆　山月侵牀露灑編
病裏不妨時懶讀　任從君笑腹便便

---

1) 자주에 "이인중(李仁仲)과 김신중(金愼仲)에게 보인다"라고 하였음. 이인중은 농암(聾巖) 이현보(李賢輔)의 종손(從孫). 김신중은 호가 읍청정(挹淸亭)임. 또 자주에 "당시 남쪽의 벗이 새로 중엽매(重葉梅)를 부쳐와 심었더니 살아서 몹시 아름다웠다"라고 하였음.

幽居 示李仁仲金楨仲

幽居一味閒篆多人厭閒居我獨辭囂
酒東軒如對聖浮梅古圖以逢仙巖泉
滴硯雲生筆山月侵牀霧灑編病裏不
好時懶讀任從君傾腹使 時南中諸人新寄
重葉梅裁活甚佳

채거경의 묵매에 적다. 2수
題蔡居敬墨梅, 二首[1]

1
해묵은 매화에 향기 나니 옥빛 꽃이 아리땁고
나무 너머 밝은 달이 굴러 올라와 밝네
다시 옅은 구름마저 다 사라지길 기다리니
고산엔 밤새 맑음을 못 견디리라

古梅香動玉盈盈[2]　　隔樹氷輪輾上明[3]
更待微雲渾去盡　　孤山終夜不勝淸

2
고운 가지 성글고 수척하고 흰 꽃은 차가운데
설령 검은 먼지를 뒤집어쓰더라도 안색이 변치 않으리라
애석하구나 시 짓는 노인이 참으로 질탕하여
왜곡되게 희롱 삼아 단단으로 비유하네

瓊枝疎瘦雪英寒　　縱被緇塵不改顔
可惜詩翁眞跌宕　　枉將調戲比端端[4]

---
1) 『퇴계집』에는 제목이 「題金季珍所藏蔡居敬墨梅, 二首」로 되어 있음. 채거경(蔡居敬)은 채무일(蔡無逸), 호는 휴암(休庵).
2) 영영(盈盈): 의태가 아름다운 모양.
3) 빙륜(氷輪): 명월(明月).

題蔡居敬墨梅
古梅奇動玉靐靐 隔樹冰輪報上明
待激雲渾盡孤山佇夜不勝清
瓊枝陳瘦雪羮害從被緇塵汚路顏
惜傳翁真跌宕枉將調戲比禪

---

4) 단단(端端): 당(唐)나라 양주(楊州) 기생 이단단(李端端). 최애(崔崖)의 「조이단단(嘲李端端)」 시에 "코는 연기 나는 창문 같고 귀는 솥 같네(鼻似煙窓耳似鐺)"라는 구절이 있었는데, 이단단이 다시 지어줄 것을 애원하자, 다시 지어준 시에 "누런 말 비단안장으로 꾸며, 선화방의 이단단을 찾네. 양주에는 근래 온통 달라졌으니, 한 송이 흰 모란을 걷게 한다네(覓得黃驪鞍繡鞍, 善和坊裏取端端. 揚州近日渾成差, 一朵能行白牡丹)"라고 하였음.

추회 11수 중 1수
秋懷十一首之一[1]

뜰 앞의 두 그루 매화
가을 잎이 먼저 시든 것이 많네
골짜기 속 저 울창한 숲은
난잡하게 땅을 다투는 듯하네
외로운 절개를 쉽게 보존할 수 없는데
여러 나무들만 더욱 뻗어나기만 하네
바람과 서리가 한 번만 흔든다면
굳은 것과 무른 것이 무엇이 다르리오
향기로운 꽃은 스스로 시기가 있는데
어찌 반드시 사람이 귀함을 알리오

庭前兩株梅	秋葉多先悴
谷中彼薈蔚	亂雜如爭地
孤標未易保	衆植增所恣
風霜一搖落	貞脆疑無異
芬芳自有時	豈必人知貴

---

1) 『퇴계집』에는 제목이 "秋懷十一首, 讀王梅溪和韓詩有感, 仍用其韻."이라 하였음. 송나라 매계(梅溪) 왕십붕(王十朋)의 시에 「和韓詩·秋懷十一首」가 있는데, 이는 당나라 한유(韓愈)의 「秋懷十一章」에 차운한 시들임. 병진(1556)년 56세 때의 작품임.

秋懷十一首之一

庭前兩株栴秋葉多先悴谷中鬱蒼蔚
亂雜如爭地孤標亦易傑眾植增忌怨
風霜一摧落貞豔異榮芳自有時
豈必人知貴

고산에서 매화를 읊다
孤山詠梅[1]

서호에서 배 저어 돌아옴을 학이 알리는데
청진한 매화와 달빛에 서성였다고 하네
위야의 은거가 참된 은거가 아님을 비로소 알겠으니
깊은 거처를 황제가 그려보도록 하였었네

一棹湖遊鶴報還[2]　　淸眞梅月稱盤桓[3]
始知魏隱非眞隱[4]　　賭得幽居帝畫看

---

1) 『퇴계집』에는 제목이 「黃仲擧求題畫十幅」으로 되어있는데, 그중 「고산영매(孤山詠梅)」 시이다. 자주에 "정사(1557)년, 제화십절(題畫十絶) 중 1수"라고 하였음. 57세 때의 작품임.
2) 임포는 항상 편주를 타고 서호 일대의 사묘(寺廟)를 찾아 고승(高僧)과 시우(詩友)들과 교유하였는데, 집에 손님이 오면 동자가 학을 풀어서 알리면 학을 보고 배를 저어 돌아왔다고 함.
3) 청진(淸眞): 참되고 자연스러움.
4) 위야(魏野: 960~1019): 자는 중선(仲先), 호는 초당거사(草堂居士). 송나라 초의 저명한 은사(隱士)로서 섬주(陝州) 동교(東郊)에 초당을 짓고 은거하였음. 진종(眞宗)황제가 그를 예우하여 그의 은거지를 화공에게 그려오도록 하여 보았고, 위야가 죽은 후에는 비서성저작랑(秘書省著作郞)에 추증하였음.

孤山詠梅　丁巳○題畫十作之一

一桁湖遊鶴報遲清真梅月稱雙桓始
知巍隱非真隱賭評幽居帝畫看

매화

梅花[1)]

개울가에 아리땁게 두 가지가 서 있는데
앞 숲에 향기 끼치고 다리엔 꽃빛이 비추네
서리 바람 일으켜 쉽게 얼 것은 걱정하지 않으나
다만 따스함을 맞아 옥빛이 사라질까 근심이네

溪邊粲粲立雙條　　香度前林色映橋
未怕惹風霜易凍　　只愁迎暖玉成消

---

1) 경신(1560)년 60세 때의 작품임. 도산서당이 완성된 해임.

梅花 庚申

溪邊藜藜立雙懷疑是前林色映疎林

惱憶風霜夢凍不熊迎暖玉成譜

숲 속 거처의 이른 봄에

林居早春[1)]

납일 술의 봄빛이 눈에 비춰 새로운데
따뜻한 기운에 몸과 맘이 편함을 처음 깨닫네
개인 처마에 새가 우니 객을 부르는 것 같고
눈 내린 개울가 매화는 차가워 참된 은자 같네

臘酒春光照眼新　　陽和初覺適形神
晴簷鳥咩如呼客　　雪磵梅寒似隱眞

---

1) 『퇴계집』에는 제목이 「林居十五詠李玉山韻·早春」으로 되어 있음. 자주에 "이옥산(李玉山)의 임거(林居) 15영(詠)에 화답한 시 중의 한 수"라고 하였음. 이옥산은 일찍이 자옥산(紫玉山)에 살았던 회재(晦齋) 이언적(李彦迪).

林居早春 和楊玉山林居十五韻之八

朧酒春光照眼新 陽和初覺遍形神
晴鶯鳥囀如呼客 雪澗梅寒似隱真

절우사

節友社[1]

솔과 국화의 도연명 동산엔 대나무까지 셋인데
매형은 어찌하여 동참하지 못했는가?
내 지금 함께 풍상계를 맺어서
고절의 맑은 향을 다 알았다네

松菊陶園與竹三[2]　梅兄胡奈不同參
我今倂作風霜契　苦節淸芬儘飽諳

---

1) 자주에 "도산잡영(陶山雜詠) 18절구 중의 1수"라고 하였음. 퇴계의 『매화시첩』에는 절우사(節友社)가 정우사(淨友社)로 잘못 써져 있음. 『퇴계집』의 「도산잡영기(陶山雜詠記)」에 의하면, 도산서당 안에 네모난 작은 못을 파서 연꽃을 심었는데, 그 연못을 '정우당(淨友塘)'이라 하였고, 또 몽천(蒙泉)이란 샘 위의 산자락을 깎아 평평한 단(壇)을 만들어 매화·대나무·소나무·국화를 심고, 이를 '절우사(節友社)'라고 하였다. 「연보」에 의하면, 신유(1561)년 3월에 절우사를 축성하였다고 하였음.
2) 진(晉)나라 도잠(陶潛)의 「귀거래사(歸去來辭)」에 "三徑就荒, 松菊猶存"이라 하였음. 이후 후인들이 삼경을 소나무, 국화, 대나무의 오솔길로 상정하고, 은자가 사는 곳으로 상징하였음.

淨友社 陶山雜詠十八絕之一

松菊陶圖與竹三槐兄胡爲不見參我
今併作風霜契苦節清芬儘飽諳

정우당(淨友塘)
선생은 뜰 앞에 작은 연못을 파고 거기에 연(蓮)을 심어 완성하였다.

절우사(節友社)
서당 동쪽 산자락에 조그만 평지를 만들어 거기에 매화·소나무·국화·대나무를 심어두고 절우, 즉 절개 있는 벗들의 모임이란 뜻을 담아두었다.

몽천(蒙泉)
산에서 나는 샘물로서 『주역』(周易)에서 '어릴 때 바름을 기른다(蒙以養正)'는 뜻을 취하여 이름 붙였다.

감사
感事[1]

한겨울 산골짜기에 눈과 서리가 깊고
개울가 매화는 여전히 마음을 닫고 있네
벗이 천리 밖에 있음을 참을 수 없으니
그리워도 깊은 회포를 함께하기 어렵네

歲寒山谷雪霜深　溪上梅花尙閟心
叵耐故人千里外　相思難與共幽襟

---

[1] 『퇴계집』에는 제목이 「東齋感事十絶」로 되어 있음. 자주에 "「동재감사십절」 가운데 1수"라고 하였음. 또 "기미(己未)년 작품으로서 마땅히 경신(庚申)년 앞에 두어야 한다"라고 하였음. 기미년은 1559년, 59세 때임.

感事 東齋歲丁丑冬二
○己未作前庚申前

歲寒山谷雲霜溪溪上梅花索寞心匪
訶竝人千里外相思難與共幽懷

매화 화단의 맑은 향기

梅塢淸香[1]

누가 우물로써 천황을 깨뜨리고
작은 둑 못가에 운치 있는 꽃을 심었는가?
새하얗게 사람을 놀라게 하는 빙설의 흰빛
자욱하게 소매에 끼쳐오는 전단의 향기
고산의 낮은 읊조림이 풍정을 독점하고
초당에서 웃음 찾아 수심을 열어놓네
마고선녀가 뒷날 밤 함께 올라감을 허락하리니
달을 대하고 술잔 기울임을 사양하지 않으리라

誰將尤物破天荒[2]　小塢臨池栽韻芳
皎皎驚人氷雪白　馥馥襲袂旃檀香
孤山微吟占風情[3]　草堂索笑開愁腸[4]
麻姑後夜許同攀[5]　莫辭對月傾壺觴

참고

모든 꽃들 졌는데 홀로 화사하게 피어
풍정을 독점하고 소원을 향하였네
물 맑고 얕은 곳에 성긴 그림자 기울어 있고
달빛 황혼 속에 은근한 향기 끼쳐오네
흰 새가 내려오다 먼저 남몰래 훔쳐보고
흰 나비도 애끊는 혼을 아는 듯싶네
다행히 나직이 시 읊조리면 서로 친할 수 있으니
반드시 단판이나 금 술잔이 필요치 않으리라

衆芳搖落獨喧姸　占盡風情向小園
疎影橫斜水淸淺　暗香浮動月黃昏
霜禽欲下先偸眼　粉蝶如知合斷魂
幸有微吟可相狎　不須檀板共金樽

― 임포(林逋) 「산원소매(山園小梅)」

---

1) 『퇴계집』에는 제목이 「기정十詠」으로 되어 있고, 그 자주에 "함창(咸昌) 공검지(公儉池) 위에 있다"라고 하였음. 기정(歧亭)은 권민수(權敏手: 1466~1517)가 세운 정자. 권민수의 자는 숙달(叔達)이고, 호는 퇴재(退齋)임. 신유(1561)년 61세 때의 작품임.
2) 우물(尤物): 진기한 물건. 송나라 범성대(范成大)이 『범촌매보(范村梅譜)』「전서(前序)」에서 "매화는 천하의 우물(尤物)이다"라고 하였음.
3) 임포의 「산원소매(山園小梅)」 시를 언급하였음.
4) 두보(杜甫)의 「사제관부남전취처자도강릉희기(舍弟觀赴藍田取妻子到江陵喜寄)」 시에 "巡簷索共梅花笑, 冷蘂疎枝半不禁."라고 했음. 초당(草堂)은 두보를 말함.
5) 마고(麻姑): 전설 속의 선녀. 긴 손가락과 손톱을 가졌다고 함.

梅塢清書 坡書十詠之一〇并雨

淮將尤物破玄荒 小塢纔池戴韻芳 皎
之驚人水雪白頰 鐵鞅桁檀 孤山
徽嶺上風情草堂 衆咲開然腸蘼姑溪
庾詩同攀異聲 對月傾壺鶴

사진 : 김길효

벗에게 답하다
答友人[1]

성품이 편벽하여 항상 조용함을 좋아하고
몸은 깡말라서 실로 추위를 겁내네
솔바람소리는 문을 닫고 듣고
매화와 눈은 화로를 끼고 보네
세상재미가 노쇠한 나이에 각별한데
인생은 말로에 어렵네
이 이치 깨닫고 한번 웃으니
일찍이 괴안국을 꿈꾼 듯하네

性僻常耽靜　　形羸實怕寒
松風關院聽　　梅雪擁爐看
世味衰年別　　人生末路難
悟來成一笑　　曾是夢槐安[2]

---

1) 『퇴계집』에는 제목이 「次友人寄詩求和韻, 二首」로 되어 있음. 임술(1562)년 62세 때의 작품임.
2) 괴안(槐安): 남가일몽(南柯一夢)의 고사에 나오는 개미나라의 이름. 허망한 꿈을 말함.

答友人 壬戌

性僻常耽靜 形羸實怕寒 松風關院聽
梅雪擁爐看 世味嘗羊別 人生染鴻難
悟來成一嘆 曾是箇槐安

매화그림에 적다
題畫梅

1
한 그루 매화가 비껴있는데 눈이 쌓이고
향기로운 피부는 온통 수척하고 옥빛 꽃에선 한기가 나네
성긴 그림자가 붓 끝에 전함을 깨닫지 못했는데
고산의 달빛 아래서 보는 듯하네

一樹橫斜雪作團　　香肌瘦盡玉生寒
不知疎影傳毫末　　疑向孤山月下看

2
옥인의 붉은 뺨 천연의 자태인데
빙용이 세속과 맞지 않을까 어찌 두려워하랴
파선이 석로를 조롱함이 우습구나
도리어 꽃에 뇌쇄되어 스스로 어리석음을 이루었네

玉人頩頰出天姿　　肯恐氷容不入時
可笑坡仙嘲石老[1]　　卻緣花惱自成癡　　　　　－홍매(紅梅)

---

1) 파선(坡仙)은 소식(蘇軾), 석로(石老)는 석연년(石延年: 994~1041), 『동파지림(東坡志林)』에 "석만경(石曼卿: 石延年)의「홍매시(紅梅詩)」에 '복사꽃엔 초록 잎이 없음을 알고, 살구꽃엔 푸른 가지가 있음을 아네(認桃無綠葉, 辨杏有靑枝)'라고 하였는데, 이는 지극히 비루한 말이다. 대개 촌학구체(村學究體)이다"라고 하였음.

참고

잠을 탐하여 홀로 피는 것이 더딤을 근심하는데
스스로 빙용이 세속에 맞지 않음을 겁내네
그래서 작고 붉게 복사꽃 살구꽃의 색으로 피어났는데
오히려 외롭고 수척하여 눈서리의 자태가 넘치네
차가운 마음은 춘태를 기꺼이 따르지 않는데
붉은 술기운이 무단히 옥빛 피부에 올랐네
시 짓는 노인이 매화의 격조가 있는 곳을 모르고
다시 초록 잎과 푸른 가지를 보았다네

怕愁貪睡獨開遲　　自恐氷容不入時
故作小紅桃杏色　　尙餘孤瘦雪霜姿
寒心未肯隨春態　　酒暈無端上玉肌
詩老不知梅格在　　更看綠葉與靑枝
　　　　　　　　　　　　　　　　－소식 「홍매(紅梅)」

매화의 좋음은 다만 흰빛을 상실함에 있으니
지금 붉은 꽃이 빼어나게 기이하네
복사꽃엔 초록 잎이 없음을 알고
살구꽃에 푸른 가지가 있음을 아네
붉은 미소를 사람에게 보내고
붉게 취한 얼굴은 피리소리를 따르네
교태로운 뜻이 급하여
붉게 핌이 봄의 더딤에 노한 것은 아니리라

梅好唯傷白　　今紅是絶奇
認桃無綠葉　　辨杏有靑枝
烘笑從人贈　　酡顔任笛吹
未應嬌意急　　發赤怒春遲
　　　　　　　　　　　　－석연년(石延年) 「홍매」

61

題畫梅

一樹橫斜雲作團雪肌瘦盡玉生寒不
知蹤影傳毫素惱向孤山月六看
玉人頩頰出天姿肯恐冰宮不入時可
嘆坡仙嘲石老却緣花幅自成癡
<small>紅梅</small>

사진 : 김길효

절우사 매화가 늦봄에 비로소 피었다. 지난날 갑신년 동호에서 매화를 감상하며 동파의 운자로 두 수의 시를 지었던 것을 추억하니, 문득 19년이 흘렀다. 다시 한 편을 차운하여 동사의 여러 벗들에게 보인다. 옛 생각으로 인하여 지금을 감개한 뜻이다

節友社梅花, 暮春始開. 追憶往在甲辰歲, 在東湖賞梅, 用東坡韻賦詩二首, 忽忽十九年矣. 因復和成一篇以示同舍諸友, 從來思舊感今之意云[1]

푸른 봄이 저무는 교남 마을
곳곳의 복사꽃 살구꽃이 사람의 혼을 어지럽히네
시야 밝은 천지에 외로운 나무가 서 있어
새하얀 꽃은 여러 꽃들의 어둠을 씻어줄 만하네
풍류는 섣달 눈 오는 날을 끌어오지 않더라도
운격이 봄 동산에서 더욱 빼어나네
도산에서 지난날 몇 신선이 감상하였던고?
이십 년 만에 다시 만나니 기쁜 빛이 따뜻하네
바람 앞에서 완연이 서호의 벗 같은데
달을 대하고 동방이 밝아옴도 몰랐네
나에게 무슨 연유로 너무 수척하냐고 묻는데
백발머리로 운암의 문안에 오래 숨었기 때문이네
지난날엔 스스로 연하질이 있었지만

지금 어찌 반드시 난 향기를 말하리오
천애의 벗을 볼 수 없으니
너와 더불어 매일 무하의 술을 마시련다

靑春欲暮嶠南村	處處桃李迷人魂
眼明天地立孤樹	一白可洗群芳昏
風流不管臘雪天	格韻更絶韶華園
道山疇昔幾仙賞	廿載重逢欣色溫
臨風宛若西湖伴	對月不覺東方暾
問我緣何太瘦生	白首長屛雲巖門
向來自有烟霞疾	今者何須蘭臭言
天涯故人不可見	與爾日飮無何罇

---

1) 『퇴계집』에는 제목이 「節友壇梅花, 暮春始開. 追憶往在甲辰春, 在東湖, 訪梅於 望湖堂, 賦詩二首. 忽忽十九年矣. 因復和成一篇, 道余追舊感今之意, 以示同舍諸 友」로 되어 있음.

若幾仙紫甘裁重逢欣色溫旭風光君
西湖伴對月不覺東方䁱問我緣因
疲䒭白首長屏雲巖門閉素月多煙霞
疾今者吾須蕭臭言天涯故人不可見
與爾目即無何樽

鄂友社梅花簃春始開追憶往在甲辰歲東湖賞梅同東坡韻戲書二篇旦二十年矣因漫和效之篇以示同舍諸友聊來思舊感念之意云玉

青春欲暮嬌南村裏，桃李逢人魂眼明天地王孫精一白可況羣芳香風流不管曉雪天籟韻更作韶華圍道山時

매화나무 끝의 밝은 달

梅梢明月[1]

천상의 밝은 달이 둥글게 떨어진 듯
마당 앞 옥수의 가지 끝에 매달렸네
저궁에서 맑음과 고움을 간직해도 좋겠지만
유인이 백번 돌며 바라봄을 어찌 아까워하리오?

天上氷輪若賈團　　庭前玉樹掛梢端
渚宮淸艶雖藏好[2]　何惜幽人百匝看[3]

참고

남은 섣달을 몰아내고 봄바람으로 바꾸려 하는데
다만 한매가 있어서 선봉이 되네
성근 꽃으로 눈발과 경솔히 다투지 말고
밝은 달빛 속에 맑음과 고움을 잘 간직해다오

欲驅殘臘變春風　　只有寒梅作選鋒
莫把疎英輕鬪雪　　好藏淸艶月明中

— 양시(楊時) 「저궁에서 매화를 보고, 강후에게 부치다(渚宮觀梅, 寄康侯)」

---

1) 『퇴계집』에는 제목이 「韓上舍永叔江墅十景·梅梢明月」로 되어 있음. 한상사는 한수(韓脩), 영숙(永叔)은 그의 자이며, 호는 석봉(石峯).
2) 저궁(渚宮): 춘추시대 초(楚)나라 궁궐. 그 옛터가 지금의 호북성 강릉현(江陵縣)에 남아 있음. 송나라 양시(楊時)의 「저궁(渚宮)에서 매화를 보고 강후(康侯)에게 부침」 시를 언급한 것임.
3) 유인(幽人)은 은자(隱者).

梅梢明月 辭寄無愁系方江
暨十景之一

天上冰輪若壹團落前玉樹掛瓊瑤
茗清豔難藏巧唱幽人會匝看

고산 매화에 숨은 은자

孤山梅隱[1)]

배를 돌려 돌아오니 학이 사람을 따르고
매화 옆에서 한가하게 앉으니 절로 청진하네
문전엔 또한 비범한 객일 터인데
어찌하여 달아나서 오히려 몸을 숨기는가?

返棹歸來鶴趁人　梅邊閒坐自淸眞
門前想亦非凡客　底事逡巡尙隱身

---

1) 『퇴계집』에는 제목이 「鄭子中求題屛畫八絕·孤山梅隱」으로 되어 있음. 자주에 "매화 팔 폭 중의 하나. 그림 속에는 배를 돌리고 학이 돌아오는데, 문 밖에는 객이 없다(梅花八幅之一, 畫中返棹鶴還而門前無客)"라고 하였음.

孤山梅隱　題畫小幅之一○張中　返神鶴巡雲月外等書

返神睥睐鶴趁人梅邊濯足白濤雪頭
前想不非尺雪底子逡巡雲煙寒身

이강이의 방문을 받고 달빛 아래 매화를 읊다
李剛而見訪, 月下詠梅[1]

험한 길을 다 지나서 멀리 찾아왔는데
꽃 지고 봄은 저물었으나 너무 한스러워 마오
하늘이 느릿느릿 매화를 피우니
달 희고 바람 맑아 그대 기다려 읊네

歷盡崎嶇荷遠尋　　花殘春老恨休深
天敎緩緩梅花發　　月白風淸待子吟

---

1) 『퇴계집』에는 제목이 「喜李剛而府尹見訪, 二首」로 되어 있음. 자주에 "강이(剛而)가 간서(簡書)를 무릅쓰고 경계를 넘어 멀리 찾아왔으므로 마귀를 놓아준 일을 사용하였고, 이때 강이는 참언을 만났었다"라고 하였음. 임술(1562)년 62세 때의 작품임.

彦剛而見訪用六詠梅 壬戌

歷盡崎嶇將遽尋花殘春老眼倦濛天
嫩緩々櫻花後月白風清待子吟

서호에서 학을 벗하다
西湖伴鶴[1]

호수 위 정려는 속세의 인연을 끊었는데
태선이 사는 것은 구선 때문이네
앵무새처럼 날개를 자를 필요가 없으니
매화 읊음에 와서 벗하고 하늘로 날아간다네

湖上精廬絶俗緣　　胎仙栖託爲癯仙[2]
不須翦翮如鸚鵡　　來伴吟梅去入天

---

1) 『퇴계집』에는 제목이 「題金上舍愼仲畫幅八絶·西湖伴鶴」으로 되어 있음. 갑자 (1564)년 64세 때의 작품임.
2) 태선(胎仙): 학(鶴). 학은 알로 태어나지 않고 태(胎)로 태어난다고 여겨서 태선이 라고 함. 구선(癯仙): 뼈대가 맑고 깡마른 신선. 즉 매화를 말함.

西湖伴鶴 凡畫八幅之一○甲子

湖上精廬絕俗緣 胎仙栖託處龐仙 不須覓潮如鴨鵝 來伴吟梅去入天

도산으로 매화를 찾아가니, 지난겨울 추위가 심하여 꽃봉오리가 상하고, 남은 꽃이 늦게 피었는데 초췌하여 가련하였다. 이를 탄식하여 이 시를 지었다

陶山訪梅, 緣被去冬寒甚, 蘂傷, 殘芳晚發, 憔悴可憐, 爲之嘆息賦此云

마음이 같은 객이 기약에도 오지 않아
홀로 지팡이 짚고 흰 구름 언덕에 우두커니 섰네
오랜 인연의 세 그루 매화에 거듭 탄식하니
다만 늦봄에 몇 송이만 피었네
맑은 바람 들어오니 마음이 비어 쇄락한데
처마 옆 밝은 달이 스스로 배회하네
내년에도 이 일이 잘 될지 알겠는가?
읊조리는 근심이 드넓어 걷잡을 수가 없네

有客同心期不來　孤筇延佇白雲堆
重嗟宿契三梅樹　只向殘春數萼開
入手淸風空灑落　傍簷明月自徘徊
明年此事知諧未　愁思吟邊浩莫裁

陶山訪梅緣被去冬寒蘂傷殘
冥晚發難惟吾儕吟之應無陳此言
白雲回心期不來孤節延佇多雲誰壹
嗟哉契三梅禰只向殘春故夢闌入手
淸風空濕岸儻縈明月自與細雨摩此
重知淮東趁且吟當鴻奕哉

김군 이정이 도산에 나가 놀다 유숙하고, 이튿날 아침에 한 절구를 부쳐왔기에 차운하여 보내다
金君而精, 出遊陶山, 留宿, 明早, 見寄一絶, 次韻却寄[1]

동지 후 매화가지 끝에 봄기운 이미 생겼는데
산 늙은이는 보지 못하고 그윽한 정을 기다리네
다행히 그대가 홀로 가서 소식을 찾으니
읊조림이 황혼에 이르러 조각달이 비껴있네

至後梅梢意已生　　山翁不見佇幽情
多君獨去探消息　　吟到黃昏片月橫

---

1) 『퇴계집』에는 제목이 「金而精, 出遊陶山, 留宿, 明早, 見寄三絶, 次韻卻寄·觀梅」라고 하였음. 김이정(金而精)은 문인인 김취려.

金果山精出灌陶山留昭昵早見寺
一絕次韻却寄
玉溪梅梢葱已生山乃不見停幽懷絕
吳福玄抄濱鳥冷到黃昏唐有月樓

삼월 십삼 일 도산에 이르니, 매화가 추위에 손상됨이 지난해보다 심하였다. 온실의 대나무도 초췌하였다. 지난봄의 한 율시의 운자에 차운하여 감개하고 탄식하는 뜻을 보였다. 마침 정자중도 역시 언약이 있었다

三月十三日, 至陶山, 梅被寒損, 甚於去年. 窨竹亦悴. 次去春一律韻, 以見感歎之意. 時鄭子中亦有約[1]

아침에 산 북쪽에서 봄을 찾아오니
시야 속 산꽃들이 찬란한 비단처럼 쌓여있네
대나무 떨기를 헤쳐보다 유독 초췌함에 놀라고
매화나무를 붙잡고 더디 핌을 탄식했네
성긴 꽃은 다시 바람에 불려 마구 날리고
괴로운 그 절개가 거듭 사나운 비를 만나 꺾어지네
지난해 함께 했던 사람들 지금 또 서로 머니
맑은 시름이 의구하여 드넓게 걷잡을 수가 없네

朝從山北訪春來　　入山眼花爛錦堆[2]
試發竹叢驚獨悴　　旋攀梅樹歎遲開
疎英更被風顚簸　　苦節重遭雨惡摧
去歲同人今又阻　　淸愁依舊浩難裁

---

1) 『퇴계집』 자주에 "이날 바람 불고 비가 내렸다"고 하였음. 을축(1565)년 65세 때의 작품임.
2) '入山眼花'에 '入眼山花'로 고치라는 표시가 있는데, 다른 판본에는 '入眼山花'로 되어 있음.

二月十三日主陶山梅禎堂换甚
殷至昼審竹山悸次去春一律韻
覓感韶之三時鄒子中 下空有的○乙丑
朝況山址访春来入山眼花燗錦堆試
發竹叢驚獨悍旋攀梅精嘆遲關踪美
更被風顛籔否即重遭雨惡摧去歲同
人参天阻清態俱舊鴻雜裁

감회를 붙이다

寓感[1)]

1

진달래꽃 바다처럼 산에 넘쳐흐르고
복사꽃 살구꽃은 어지럽게 피어 싱싱하네
일찍이 피고 시드는 일에 관계치 않음을 아니
매화를 다른 꽃들과 비교하여 보지 마오

杜鵑花似海漫山[2)]　桃杏紛紛開未闌
早識不關榮悴事　莫將梅蘂較他看

2

매화나무 무성하나 붙인 꽃이 적어
그 성글고 수척함과 횡으로 비낌을 사랑하네
다시 삼성이 황혼인지 새벽인지 분별할 필요가 없으니
향기로운 나무 끝에 흐르는 달빛을 취하여 보리라

梅樹依依少著花　愛他疎瘦與橫斜
不須更辨參昏曉[3)]　看取香梢動月華

3

빼어난 아름다운 풍류는 옥설처럼 참되니

필 때 향기로운 봄날에 섞인다고 괴이 여기지 마오
태평시절 당일에 염계노인은
광풍제월의 마음으로 속세의 티끌을 비췄다오

絕艶風流玉雪眞　　開時休怪混芳春
太平當日濂溪老⁴⁾　光霽襟懷映俗塵

---

1) 『퇴계집』에는 제목이 「우감오절(寓感五絶)」로 되어 있음.
2) 두견화(杜鵑花): 진달래.
3) 송나라 홍매(洪邁)의 『용재수필(容齋隨筆)』에서 "지금 매화 시사(詩詞)에서 '삼횡(參橫)' 자를 많이 사용하는데---한겨울에 그것을 보면 황혼 때는 이미 삼성은 보이지 않고, 밤중에 이르면 서쪽으로 지고 만다. 어찌 새벽에 비껴있을 수가 있겠는가?"라고 하였음.
4) 염계로(濂溪老): 송나라 염계선생 주돈이(周敦頤: 1017~1073). 그 흉회(胸懷)가 쇄락(洒落)하여 광풍제월(光風霽月)과 같았다고 함.

寓感

杜鵑花似海漫山桃杏紛紛開亲闌珊
知不關柔悴，莫將梅藥較他看
梅樹伴々，少著花愛他踈瘦與橫斜不
須更辨參昏曉看似寫寄月華
便艷風流昜雲真閒時倦慵混处春光
平常日瀘溪老光霽襟懷映倚蓬

쌍청당에서 조송강의 운에 차운하다
雙淸堂趙松岡韻[1]

병든 나그네 오래 묵어 스스로 처량한데
눈 내린 뜨락의 봄소식이 매화 향을 간직했네
고인이 이름을 적어놓은 곳이 아직 남아있어서
눈물 씻고 나직이 읊조리니 완연히 책상을 대하는 듯하네

旅病淹留自作涼　雪庭春信闃梅香
故人尙有題名處　拭淚幽吟宛對牀

---

1) 쌍청당(雙淸堂): 영천군(榮川郡) 객관 동편에 있음. 군수 김세훈(金世勳)이 세웠음. 자주에 "병인(1566)년 정월에 소명에 응하여 가다가 병이 나서 영천에 머물다"라고 하였음. 조송강(趙松岡)은 조사수(趙士秀: 1502~1588), 자는 계임(季任), 호는 송강(松岡). 이조판서·대사성·대사간·경상도관찰사·좌참찬 등을 지냈음. 66세 때의 작품임.

嶺清堂趙松岡韻 丙寅正月赴召病留萊川

旅病淹留自作淙雪應春信問梅雲改

人尚為題名愛拭潑遊吟宛對牀

매화를 꺾어와 책상 위에 꽂아두다
折梅揷置案上[1]

매화 꽃받침 봄을 맞아 약한 추위를 띠었는데
꺾어와 옥창 사이에서 마주 대했네
천산 밖에 있는 고인을 오래 생각하는데
천향이 여위어서 줄어듦을 차마 못 보겠네

梅萼迎春帶小寒　　折來相對玉窓間
故人長憶千山外　　不耐天香瘦損看

---

[1] 자주에 "병으로 소명(召命)을 사양하고 예천(醴泉)에 머물다"라고 하였음.

折梅置桶案上 病詩也 命紹體亦

梅兮迎春帶小寒折來相對玉窗間坡

人長恠千山夕不耐瓦魯瘦損看

이십 일일에 우연히 쓰다

二十一日, 偶題[1]

군청 객사 동쪽에 매화가 처음 피었는데
나그네는 병으로 누워 수심 속에 있네
찬 비와 처량한 바람이 특히 그치지 않는데
천향 국염을 함께할 이가 없네
양양은 예로부터 낙원이라 불리는데
이백의 광가는 산옹을 자랑하였네
지금은 노인들 많이 남지 않았는데
누가 녹문산의 방덕공이던가?

梅花初發郡舍東　客子臥病愁思中
冷雨淒風殊未已　天香國艶無與同
襄陽自古稱樂國[2]　李白狂歌詫山翁[3]
只今耆舊無多存　誰是鹿門龐德公[4]

---

1) 자주에 "역시 예천에서 머물다"라고 하였음.
2) 양양(襄陽): 중국 호북성에 있는 군 이름. 여기서 양양을 언급한 것은 예천의 옛 이름이 양양이기 때문임.
3) 산옹(山翁): 진(晉)나라 산간(山簡: 253~312). 대주가(大酒家)였던 산간은 술에 취하면 양양 고양지(高陽池)로 달려가 갈증을 풀었다고 함. 이백의 「양양가(襄陽歌)」에 "旁人借問笑何事? 笑殺山翁醉似泥"라고 하였음.
4) 방덕공(龐德公): 삼국시대 양양 녹문산에 은거하였던 고사(高士).

二月二十一日偶題

梅花初發禪舍東寮予臥病延里中冷
雨海風珠束色色當國難無與同憂惕
自古稱吾國李白狂歌詫山翁只今者
驚無多存誰是荒門龐德公

정자중의 편지를 받고, 진퇴의 어려움에 더욱 탄식하며, 시를 지어 뜰의 매화에게 물었다

得鄭子中書, 益嘆進退之難, 吟問庭梅[1]

풍류는 예로부터 고산을 말하는데
무슨 일로 군청 밭 사이로 옮겨 왔던가?
마침내는 스스로 명성 때문에 잘못된 것이니
내가 늙어서 명리 때문에 곤욕 당함을 비난하지 마오

風流從古說孤山[2]　底事移來郡圃間
畢竟自爲名所誤　莫欺吾老困名關

---

1) 자주에 "편지 중에 승배(陞拜)한 일을 물었다"라고 하였음.
2) 『퇴계집』에는 "梅花孤絕稱孤山"으로 되어 있음.

滑稽弄中書蓋當進退之難吟閒

廬櫗書言陛祥多

風流浸古說孤山底子移巢鄰園閒爭

竟日看名石誤莫欺吾老園名調

매화가 답하다
梅花答[1)]

나는 관포에서 고산을 추억하는데
그대는 구름 계곡을 꿈꾸며 나그네 잠자리에 있군요
웃으며 상봉함을 하늘이 도와주니
선학이 사립문을 함께할 필요가 없으리라

我從官圃憶孤山　　君夢雲溪客枕間
一笑相逢天所許　　不須仙鶴共柴關

---

1) 『퇴계집』에는 제목이 「代梅花答」으로 되어 있음.

梅花卷

我沒官圖憶湖山君夢雲溪寄悵罗一吸相逢天而好不須仙鶴共紫鴻

늦봄에 소명을 사양하고 도산으로 돌아와 매화와 문답하다

季春, 辭召命, 還陶山, 梅花問答[1]

문노라 산중의 두 옥선이여
봄기운 간직하여 어찌 뭇 꽃들 필 때를 기다리나?
상봉함이 양양관에서와 같지 않은데
한 웃음으로 추위 뚫고 내 앞에 향하네

爲問山中兩玉仙　　留春何待百花天
相逢不似襄陽館[2]　一笑凌寒向我前

---

1) 『퇴계집』에는 제목이 「陶山訪梅」로 되어 있음.
2) 양양관(襄陽館): 예천의 군사(郡舍)를 말함.

季春辭,告余還閩山櫻花已衰,為問山中雨玉仙留春以待百花天相逢不似襄陽館一吸凌空向我前

매화가 답하다

梅答[1)]

나는 포옹이 환골탈태한 신선인데
그대는 돌아온 학이 요동하늘로 내려온 듯하군요
서로 보고 한번 웃는 것을 하늘이 허락하니
양양에서와 선후를 비교하지 마시오

我是逋翁換骨仙[2)]　君如歸鶴下遼天[3)]
相看一笑天應許　莫把襄陽較後前

---

1) 『퇴계집』에는 제목이 「代梅花答」으로 되어 있음. 자주에 "양양에서 매화를 본 후 근 수십 일 만에 도산의 매화가 비로소 피었다"라고 하였음.
2) 포옹(逋仙): 『퇴계집』에는 포선(逋仙)으로 되어 있음. 임포(林逋)를 말함.
3) 도연명(陶淵明)의 「삽신후기(挿神後記)」에 "정령위(丁令威)는 본래 요동(遼東) 사람인데, 영허산(靈虛山)에서 도(道)를 배워서, 후에 학이 되어 요동으로 돌아왔다"라고 하였음.

鹤答 襄阳见梅後之数
句写陶山挽妓後

我是画翁挨号仙买如归鹤下逢天相
逢一项毛应许真托襄阳载後前

정묘년(1567년) 답청일에 병석에서 일어나 혼자 도산으로 나갔다. 진달래와 살구꽃이 어지럽게 피었고, 창문 앞 작은 매화가 옥설이 가지에 맺힌 듯 새하얗게 피어 참으로 사랑스러웠다

隆慶丁卯踏靑日, 病起, 獨出陶山. 鵑杏亂發, 窓前小梅, 皓如玉雪團枝, 絶可愛也

1
도산에 오지 못했는데 세월이 이미 바뀌고
산 바위는 주인 없어도 스스로 봄빛이 밝네
온갖 붉은 꽃이 나를 기쁘게 하여 비로소 흥이 나고
순백의 사랑스러운 그대는 늦어서야 정이 있네
병에서 일어나니 오히려 꽃다운 시절의 좋음을 탐하고
시 짓고 나니 더욱 낮 바람이 가벼움을 깨닫네
유연히 또 강 누대에 올라 앉아
하늘과 땅을 우러렀다 굽어보니 감개가 이네

不到陶山歲已更　山巖無主自春明
千紅喜我初乘興　一白憐君晚有情
病起尙耽芳節好　吟餘更覺午風輕
悠然又向江臺坐　俯仰乾坤感慨生

2

운물은 향기롭고 아름답고 좋은 햇살 더딘데
봄빛이 시야에 가득한 늦봄이네
도연명은 술을 끊었다가 다시 술을 생각했고
두보는 시 짓는 걸 경계했으나 다시 시를 지었네
땅을 덮은 푸른 자리 온갖 풀들이 어지럽고
산에 깔린 붉은 방석 온갖 꽃들이 펼쳐졌네
평생 번거로운 일 싫어했는데
이를 쓸어버리는 걸 오로지 옥설 가지에 의지하네

雲物芳姸麗景遲[1]　韶華滿眼暮春時[2]
陶公止酒還思酒[3]　杜老懲詩更詠詩[4]
蓋地翠茵千卉亂　漫山紅罽萬花披
平生苦厭紛華事　壓掃全憑玉雪枝

---

1) 운물(雲物): 경물(景物) 혹은 경색(景色).
2) 소화(韶華): 춘광(春光).
3) 도공(陶公): 도잠(陶潛). 도잠은 「지주시(止酒詩)」를 지은 바 있음.
4) 두로(杜老): 두보(杜甫).

公止酒還且酒杜老態詳更詠詩美處
翠尚千岑亂濤山紅鬧萬花撲鼻生芳
厭紛華乞麾擇金憑玉雲棲

丁卯除青日病起獨步陶山鶴唳亂發雲霸步搖皓如玉雪圖壞絕可愛也

不到陶山歲之更山巖無恙自春明千狂喜我初乘興一白憐君曉有情病起當䀌不節好今餘更覺午風輕悠然又

回汀臺堂俯仰乾坤感悅生
雲物芳妍麗景運龍葦游眺養春晴陶

다시 도산의 매화를 찾다. 십수 절구
再訪陶山梅·十絕

1

한매를 손수 심은 지가 지금 몇 년이던가?
바람 안개 속에 소쇄하게 작은 창 앞에 있네
어젯밤 매화향기가 처음 진동했는데
머리 돌려보니 여러 꽃들 모두 쓸쓸해졌네
手種寒梅今幾年　　風烟蕭灑小窓前
昨來香雪初驚動[1]　回首群芳盡索然

2

남국에서 옮긴 뿌리는 벗의 힘을 입었는데
계곡과 산의 안개와 빗속에 청진을 독점했네
어찌 복사꽃 오얏꽃과 같은 시절이 방해되랴
옥골 빙혼은 특별한 봄을 이룬다네
南國移根荷故人　　溪山烟雨占淸眞
何妨桃李同時節　　玉骨氷魂別樣春

3

하나하나 옥의 꽃들 시들 때까지 아름다워
진강 같은 철석간장이 단단하다 자랑마오

수염 꼬며 종일 외롭게 읊조리며 감상하니

묘한 곳은 설자를 만난 듯하네

箇箇瓊葩抵死妍　　眞剛休詫鐵腸堅[2]

撚鬚終日孤吟賞　　妙處如逢雪子然[3]

4

천 년 전 고산에 묵은 인연이 있어

그 향기와 그림자를 읊으니 세상에서 다투어 전했네

지금 인간세상은 비록 옛날이 아니지만

어찌 차마 그 풍류를 아득히 떨어뜨리랴

千載孤山有宿緣　　高吟香影世爭傳

只今人境雖非舊　　那忍風流墮杳然

5

옥 여위고 옥빛 차가운 백설 운치의 자태

시가 궁한데 연하의 벽이 있어 야심을 기약하네

서로 따르며 거스르지 않음이 깊은 약속 이루니

포선의 흰 나비가 알았다고 말하지 마오

玉瘦瓊寒雪韻姿　　詩窮霞癖野心期

相從莫逆爲深契　　不道逋仙粉蝶知[1]

6

날 저문데 봄바람이 너무 불어대어

허황된 붉은 꽃잎들 모두 날리네
정녕 동군에게 말 전하여
봉이에게 옥선을 흔들지 말라 하오
日暮東風太放顚　　浮紅浪蕊摠翻翩
丁寧爲報東君道[5]　莫使封姨撼玉仙[6]

7
파선의 열 절구와 세 편 사가 있으니
서호만 매화를 읊지 않은 것을 아네
하물며 자양의 풍아의 솜씨가 있음에랴
오래 읊조리며 감탄하며 마음의 기약을 붙이네
坡仙十絶與三詞[7]　不獨西湖作已知[8]
況有紫陽風雅手[9]　長吟絶歎寓心期

8
한 꽃이 등지고 피어도 오히려 시기할 만한데
어찌하여 모두 드리워져 거꾸로 피었는가?
이 때문에 나는 꽃 밑에서 쳐다보며
고개 들어 하나하나 꽃술을 보았네
一花纔背尙堪猜　　胡奈垂垂盡倒開
賴是我從花下看　　昂頭一一見心來

9

병든 후 술잔을 오래 멀리 하였는데
이날은 매화 옆에 술 한 병을 두었네
들새가 우짖으며 다시 관곡할 필요가 없으니
맑은 밤에 장차 마고선녀를 기다리려네
病來杯勺久成疎　　此日梅邊置一壺
野鳥不須啼更款　　淸宵將擬待麻姑

10

동자가 내가 오래 못 돌아옴을 의아해하는데
추위 겁내어 옮겨가는 석양빛을 연모하네
매일 찾아오는 관곡한 정을 사양하지 않는데
호수 위에 편편이 날림을 어찌하랴
童子疑人久不歸　　怯寒餘戀動斜暉
不辭日日來幽款　　湖面無如片片飛

※ 자주에 "제8수에서 한 꽃[一花]이라 한 것은, 성재(誠齋: 楊萬里)의 매화시(梅花詩)에 '한 꽃이 힘입을 이 없이 사람을 등지고 피었네(一花無賴背人開)'라고 하였는데, 나는 일찍이 남주(南州)의 친구에게서 이 중엽매(重葉梅)를 얻었다. 그 꽃을 붙인 것이 하나같이 모두 거꾸로 드리워 땅을 향하여서 옆에서 바라보면 화심(花心)을 볼 수 없고, 반드시 나무 아래서 얼굴을 들고 보아야만 곧 하나하나 화심을 볼 수 있는데, 둥글둥글하여 사랑스럽다. 두시(杜詩)에서 이른바 '江邊一樹垂垂發'이라 한 것

은 이 일종의 매화를 지적한 것이 아닌가 싶다"라고 하였다. 여기에서 언급한 송나라 양만리의 시는 「梅花下小飮」이고, 두보의 시는 「和裵迪登蜀州東亭送客逢早梅相憶見寄」이다.

---

1) 향설(香雪): 매화(梅花)를 말함. 혹은 매화향기.
2) 진강(眞剛): 월왕(越王) 구천(句踐)이 만들게 한 팔검(八劍) 중의 하나. 옥과 쇠를 절단함이 흙이나 나무를 자르듯 하였다고 함.
3) 설자(雪子): 온백설자(溫伯雪子). 『장자』에 등장하는 고대 현인.
4) 임포의 「산원소매(山園小梅)」 시에 "粉蝶如知合斷魂"이라 하였음.
5) 동군(東君): 봄의 신.
6) 봉이(封姨): 바람의 신.
7) 소식의 「次楊公濟梅花十絶」과 梅詩三疊을 말함.
8) 임포의 매화시를 말함.
9) 자양(紫陽)은 주희(朱熹)를 말함. 풍아(風雅)는 국풍(國風)과 대아(大雅)와 소아(小雅)와 같은 고상하고 전아한 시가(詩歌). 주희는 소식의 매화삼첩에 차운하여 6편의 시를 지었음.

再訪陶山梅十絕

千種空梅今幾年風烟甫遞小窟前昨
朱雲初驚動四眉㸃㸃畫㕦然
南國移根故人溪山烟雨与凄凉河
妨桃李同時若玉骨氷魂別樣春
箇箇瓊葩抵死妍生剛係說鐵腸壁撚
鬢終日孤吟賞妙愛如逢雪子然
千載孤山有宿緣高吟孝影世爭傳只

病束柈勺久歲躁今日梅笺置一臺野
鳥不須哺更欸清脣將臨待麻姑
童子驗人久不歸惆悵綠怱勤斜暉不
辭日二來幽欸湖面無如洼二飛
第八首一花云二李誠齋梅花詩一花須頷入湘雲二
地向余得此畫臺地於南州覯蔦其蔦兒一時倒舞向地紀
傍者不見花心必湿樹二佛面兩首乃得一二見心圖
二正毫根得起潤沈畫取耗、發步驗枝此一種樓二西

今人境雖比舊那忍風流隨杳然
玉瘦瓊寒雪韻姿詩彦霞癖野心期詞
澹莫逆為深契不羨遺仙對蝶知
日暮東風大故顛浮紅浪藥戀戀翻丁
寧為鄭東吴道麦使討燒撒玉仙
坡仙十絶興三詞不獨西湖作已知況
有紫陽風雅手長吟徙倚寓心期
一花繞背豈堪情胡茶毛、畫倒開頼
亳我澹花以看昂頭一、見心来

대성의 이른 봄에 핀 매화를 읊은 시를 차운하다
무진(戊辰)년

用大成早春見梅韻[1]

주나라 시경에서 매실을 읊은 것은 참된 지식이 아니니
매화를 위해 흑백을 구분하지 않았네
굴원의 이소에는 여러 꽃들로 치장했지만
도리어 얼음과 서리 같은 천하의 미색엔 어두웠네
하손이 양주에서 처음으로 지기가 되어
이별 후 다시 와서 여러 번 탄식했네
어떤 이는 강남에서 그리움을 부치었고
어떤 이는 대유령 위 남북 기후 나뉨을 자랑했네
굳은 간장에서 오히려 아리따운 글을 토했으나
송광평의 절의는 견고한 바위를 넘어섰네
당나라 송나라엔 분분하게 시인들이 몇이었던가?
고산에서 감상하니 적막하지 않았네
하물며 저 운대의 늙은 참된 선비가
강성에서 애끊으며 밤 서리 속 호각소리를 읊었음에랴
나는 본래 벽이 많아 매화를 몹시 사랑하는데
남들이 말하길 구선이 산택에 산다하네
옛날 남국에서 노닐 때 백옥 얼굴을 알았는데
벗이 멀리 싣고 와서 몇 뿌리를 얻었네

서로 벗하여 암학에서 늙어가기로 스스로 기약했는데
어찌하여 풍진 속으로 가서 휘날렸던가?
어찌 서울에서 간혹 상봉함이 없었겠는가만
흰 옷이 검게 되어 옛날 모습과 다름을 탄식했네
어찌 백발에 임금의 부름을 사양하리오마는
별안간의 영화가 나는 새가 지나간 듯하였네
병인년에 스스로를 요동학에 비유했는데
돌아와서 보니 꽃이 아직 떨어지지 않았었네
정묘년엔 병석에서 일어나 처음 꽃을 찾으니
옥가지에 눈빛 꽃이 맺힘이 몹시 기뻤네
어찌하여 금년엔 늙음이 더욱 심한데
빛이 나는 곽분양의 이마를 진정 근심하게 하는가
임금의 부름에 엄한 여정이 오래 지체되니
황송함이 그지없어 거북처럼 움추렸네
매군은 갑자기 나를 멀리할 필요가 없으리라
나의 일은 오히려 높은 격조와 친할 수 있으리라
법진처럼 명성을 피한 것을 이루지 못했으나
오히려 상자평이 손익을 알았던 것을 믿는다네
도의 운치는 하루라도 떨어질 수 없는데
향기로운 회포가 말년에 멀어질까 미리 걱정이네
맑은 안개 보슬비에 손님이 끊어진 문
맑은 밤에 바람 없는데 달이 산에 떠오르네
술을 불러 한잔 하니 병이 이미 나았고

시를 지어 백 편에 이르나 정이 어찌 다할 것인가
분옹의 호사를 나에게 자랑하여 말하지만
이른 매화가 먼저 천공의 힘을 얻었다네
어찌 알았으랴 도산 매화가 내가 병들어 추위를 겁냄을 알고
나의 좋은 기약을 위해 늦게 피는 것을 오히려 애석해하지 않음을
그대 보지 못했나 범석호의 종매보에 매화가 천직이라 했음을
또 보지 못했는가 장약재의 옥조당 풍류가 삭막하지 않음을
아! 나와 그대는 두 사람을 좇아서
고절을 맑게 닦음에 더욱 힘쓰세나

周詩詠梅非眞識[2]　　不爲梅花分皂白
屈原離騷侈衆芳　　　還昧氷霜天下色
何遜楊州始知己　　　別去重來屢歎息[3]
或吟江南寄情思[4]　　或詑嶺上分南北[5]
剛腸尙吐嫵媚詞　　　廣平節義逾堅石[6]
唐宋紛紛幾騷客　　　賞到孤山不落莫
何況雲臺老眞逸　　　腸斷江城詠霜角[7]
我生多癖酷愛梅　　　人道癯仙著山澤
舊遊南國識玉面　　　故人遠惠連根得[8]
自期相伴老巖壑　　　胡奈風塵去飄泊
豈無京洛或相逢　　　素衣化緇嗟非昔
寧辭白髮赴佳招　　　瞥眼榮華過虻雀[9]
丙歲自比遼東鶴　　　歸來及見花未落
丁年病起始尋芳　　　絶喜瓊枝攢雪萼
何意今年老更甚　　　光生正患汾陽額[10]

尺一嚴程久稽滯　　仰兢俯慄如龜縮
梅君不須遽疎我　　我事尙可親高格

---

1) 대성(大成)은 이문량(李文樑)의 자. 무진(1568)년 68세 때의 작품임. 이 시는 송나라 양만리(楊萬里)의 「조호화매시서(洮湖和梅詩序)」의 내용을 많이 취하였음.
2) 다음 『시경·소남(召南)』의 「표유매(摽有梅)」를 말함.
3) 하손이 일찍이 양주(楊州) 법조(法曹)로 있을 때, 관사에 매화 한 그루가 있었는데 「양주법조매화성개(揚州法曹梅花盛開)」 시를 지었음. 그 후 낙양에 있으면서 양주의 매화를 생각하고 재임(再任)할 것을 청하여 다시 양주로 가니, 때마침 매화가 성대하게 피어서 꽃을 대하고 종일 방황하였다고 함.
4) 육개가 강남에서 범운에게 보낸 「증범운시」 시를 말함.
5) 매화 숲으로 유명한 대유령(大庾嶺)의 매화는 남북의 기후의 차이로 인하여 남쪽가지의 꽃이 다 진 후 북쪽가지의 꽃이 핀다고 함. 대유령 매화를 읊은 많은 시들이 이를 지적하고 있음.
6) 광평(廣平): 당나라 송경(宋璟)의 자. 일찍이 「매화부(梅花賦)」를 지어서 "꾀꼬리 소리는 아직 껄끄럽고, 벌통은 미처 소란하지 못한데, 이른 봄에 독보(獨步)하여 스스로 그 천성을 온전히 하네"라고 매화를 묘사하였음. 피일휴(皮日休)의 「도화부서(桃花賦序)」에서 "나는 일찍이 송광평(宋廣平)이 재상이 되어 굳센 자세와 굳은 자질과 강한 모습과 의연한 모습을 사모하여, 그 철장석심(鐵腸石心)이 완미(婉媚)한 말을 토할 줄 모른다고 의심했다. 그 문장 가운데 「매화부(梅花賦)」가 있는데, 청편부려(淸便富艷)하여 남조(南朝)의 서유체(徐庾體)를 얻어서 특히 그 인물됨과 같지 않음을 의아히 여겼다"라고 하였음.
7) 운대진일(雲臺眞逸)은 주희(朱熹)의 호. 그의 「연평수남청경관야작(延平水南天慶觀夜作)」 시에서 "바위 누대 구름에 누워 강성을 대하고, 성의 호각소리 속에서 서리를 읊으니 긴 밤이 맑네. 생각건대 남쪽가지 진정 수심에 잠겼으리니, 이 애끊는 소리를 듣지 못하겠네(石樓雲卧對江城, 城角吟霜永夜清. 料得南枝正愁絕, 不堪聞此斷腸聲)"라고 하였음.
8) 고인(故人): 첨모당(瞻慕堂) 임운(林芸: 1517~1602)이다. 자는 언성(彦成).
9) 맹작(虻雀): 빠르게 날아가는 새.
10) 분양(汾陽)은 당나라 분양왕(汾陽王) 곽자의(郭子儀). 벼슬이 갈릴 때마다 그의 초상에서 광채가 났다고 함.

未諧法眞避名聲[11]　　猶信尙平知損益[12]
道韻休將一日離　　馨懷預恐終年隔
淡烟微雨客絕門　　淸夜無風月上岳
呼尊試一病已蘇　　作詩縱百情何極
汾翁好事誇我說　　早梅先得天工力
豈知陶梅知我病畏寒　爲我佳期晚發猶不惜
君不見范石湖種梅譜梅爲天職[13]　又不見張約齋玉照風流匪索寞[14]
嗟我與君追二子　　苦節淸修更勵刻

---

11) 법진(法眞): 한(漢)나라 때의 고사(高士). 순제(順帝)가 네 번이나 불렀으나 응하지 않았음. 그의 벗 곽정(郭正)이 그를 칭찬하여 "법진의 이름은 들을 수 있으나 몸은 보기 어렵고, 이름에서 도망치려하나 이름이 자신을 따라오고, 명성을 피하려하나 명성이 자신을 좇아오니, 백세의 스승이라 할 만하다"라고 하였음.

12) 상평(尙平): 후한 때의 고사(高士) 향장(向長). 자는 자평(子平). 여러 서적에 흔히 상자평(尙子平)으로 오기됨. 일찍이 『주역』을 읽다가 손익괘(損益卦)에 이르자 탄식하기를 "나는 이미 깨달았으니, 부유함이 빈곤함만 못하고, 귀함이 천함만 못한데, 다만 죽음이 삶과 어떠한지 모를 뿐이다"라고 하고서는, 자녀들을 다 혼인을 시켜놓고 오악(五嶽) 명산(名山)을 돌아다니며 종적을 감추었음.

13) 범석호(范石湖): 송나라 범성대(范成大). 매화에 관련된 저서에『범촌매보(范村梅譜)』가 있음.

14) 장약재(張約齋): 송나라 장자(張鎡). 약재는 그의 호. 그의 문집『남호집(南湖集)』에는 「玉照堂觀梅二十首」, 「玉照堂觀梅二首」, 「冒雨往玉照堂觀梅戲成長篇」 등 많은 매화시가 있음.

참고

떨어지는 매실이여
그 열매 일곱 개가 남았네
나를 구하려는 여러 총각들이여
그 길일을 택하시오
摽有梅　　其實七兮
求我庶士　迨其吉兮

떨어지는 매실이여
그 열매 세 개가 남았네
나를 구하려는 여러 총각들이여
오늘을 택하시오
摽有梅　　其實三兮
求我庶士　迨其今兮

떨어지는 매실이여
광주리에 주어 담았네
나를 구하려는 총각들이여
이 모임을 택하시오
摽有梅　　頃筐墍之
求我庶士　迨其謂之

－『시경·소남(召南)』, 「표유매(摽有梅)」

토원에 만물의 순서가 나타날 때
시절에 놀라는 건 가장 매화 때문이네
서리 머금고 길가에 피고
눈빛에 비추며 추위 속에 피네

각월관에 가지가 비껴 있고

능풍대에 꽃이 둘러 있네

아침엔 장문궁의 눈물을 훔치고

저녁엔 임공의 술잔을 머물러두네

마땅히 일찍 떨어질 것을 알고서

일부러 상춘을 좇아 왔다네

兎園標物序　驚時最是梅
銜霜當路發　映雪擬寒開
枝橫郤月觀　花繞凌風臺
朝灑長門泣　夕駐臨卭杯
應知早飄落　故逐上春來

— 하손(何遜)「양주법조매화성개(揚州法曹梅花盛開)」

매(梅)의 이름은 염제(炎帝)의 경(經)에서 비롯되어, 열명(說命)의 서(書)와 소남(召南)의 시(詩)에 드러났다. 그러나 번식을 언급하였고 형상은 언급하지 않았으며, 열매를 언급하였고 꽃은 언급하지 않았다. 아마 옛사람들은 모두 질박하여 그 꽃을 숭상하지 않았던 것인가? 그러나 복사꽃 오얏꽃처럼 화려하고, 무궁화[舜華]같은 얼굴이라고 하였으니, 꽃을 숭상하지 않았겠는가? 그러나 유독 매화를 버린 것은 무슨 까닭인가? 초(楚)나라 소인(騷人)은 향기[芳]를 마시고 비[菲]를 먹고, 방향(芳馨)을 패용하고 파조(葩藻)를 입었다. 천하의 향초(香草)와 가목(嘉禾)을 다 모아서 그 사체(四體)를 향기 나게 하고, 그 언어와 문장을 금옥으로 꾸몄다. 대개 멀리는 강리(江蘺)와 두약(杜若)을 취하고, 가까이는 매(梅)를 버렸는데, 아마 우연히 버린 것이던가? 아니면 또한 매화가 만나지 못했던 것인가? 남북(南北) 제자(諸子)들 가운데, 음갱(陰鏗)·하손(何遜)·소자경(蘇子卿)과 같은 시인들의 풍류는 여기에 이르렀다.

梅之名, 肇於炎帝之經, 著於説命之書·召南之詩. 然以滋不以象, 以實不以華也. 豈古之人, 皆質而不尚其華歟? 然華如桃李, 顔如蕣華, 不尚華哉? 而獨遺梅之華, 何也? 至楚之騷人, 飮芳而食菲, 佩芳馨而服葩藻, 盡掇天下之香草嘉禾, 以芯芬其四體, 而金玉其言語文章, 葢遂取於江離杜若, 而近捨梅, 豈偶遺之歟? 抑亦梅之未遭歟? 南北諸子, 如陰鏗·何遜·蘇子卿, 詩人之風流, 至此.

— 양만리(楊萬里)「조호화매시서(洮湖和梅詩序)」

人遠憲連根浮自期相伴老鬚鬚胡奈
風塵志飄泊望無泉源歲相逢素衰化
緇嗟呢嚐寧辭白髮無偉將鬢眼韭華
遥蛇崔兩歲自此遼素鶴歸春厭見花
圭緩下手病起蹯髡芳絲壽瓊按攪雪
等何意今年老更甚光生正惠汾陽頟
又一嚴程久籍灘侣競俯懷如㲋鍋梅
君不須憂陳我二事豈可親高橋未諧
違真避名聲猶倖尚予知擾芳道韻侶

用大成早春見梅韻見衣
周詩詠梅非真識不為梅花分皂白屈
原離騷修眾芳還味冰霜天下色何遜
揚州始知已別去重來屢歎息哉冷江
南寄情思或誚嶺上分南北剛陽岸北
嫵媚詞廣平鐵石唐宋約二家
騷雲賞到孤山不妨莫何況雲臺老賓
逸腸斷汪城詠霜角我堂多癖醉雪梅
人道癯仙舊山澤舊遊南國識玉面坡

将一日雅聚怀颇恐终军阑淡烟潋雨
客绝门湾夜无风月上吾呼樽试一病
之苏作诗纵面情何趣涂翁而子夸我
说早梅先得天工力岂知阶梅知我病
畏寒我佳期晚酸稀不曙君不见范
石湖种梅谱为天职又不见张约斋玉
照风流匪索寞嗟我兴君适二子若为
清修要劘刻

梅

사진 : 김길효

김돈서의 매화시에 차운하다

次韻金惇敍梅花

내 벗이 다섯 절군인데
서로 사귀는 정이 담박함을 꺼리지 않네
매군이 특히 나를 좋아하여
절우사에 맞이하길 첫 번째로 하였네
내 그리움을 금하지 못하게 하여
아침저녁으로 몇 번이나 찾아갔던가?
안개를 띨 땐 추위가 막막한데
호수 옆에서 맑음이 담담하였네
찬란하게 여러 꽃들 사이에 있으니
더욱 참됨과 속됨이 구별되어 보이네
달 머금은 술잔에 스스로 임하고
상춘하는 등짐에 기꺼이 오르네
시 읊어 긴밀한 언약을 붙이니
야광주를 어둠속에 던짐이 아니네
정신이 밝게 서로 비추니
속물은 엿보기 어렵네

我友五節君[1]	交情不厭淡
梅君特好我	邀社不待三
使我思不禁	晨夕幾來探

帶烟寒漠漠	傍湖淸澹澹
粲然百花間	益見眞與濫
自臨吸月杯	肯上賞春擔
吟詩託密契	夜光非投暗
精神炯相照	俗物難窺瞰

---

1) 오절군(五節君): 정우당(淨友堂)의 연꽃과 절우사(節友社)의 매화, 대나무, 소나무, 국화.

次韻金悖叙梅花

我庚五節君交情不厭淡梅君特々如我
邂逅不待三使我亞不葉暴夕幾秉燭
帶烟空溪々傍湖清瀉々燦然百花閒
益見生興瀲自酌吸月杯肯上吳婁搭
吟詩託密契夜光肥投暗精神炯相照
俗物雖窺覥

기사년 정월 계당의 어린 매화 소식을 듣고 회포를 적다. 2수

己巳正月, 聞溪堂小梅消息. 書懷. 二首[1]

1

들자니 계당의 어린 매화나무가
섣달 전에 꽃망울이 가지 사이에 가득하다네
꽃을 남겨 계당 늙은이가 갈 때까지 기다리고
봄추위를 입어 일찍 안색을 잃지 말라
聞說溪堂少梅樹　　臘前蓓蕾滿枝間
留芳可待溪翁去　　莫被春寒早損顔

2

손수 한매를 심어 한 서재를 지켰는데
금년엔 마땅히 피어나 동원 가득 향기나리라
주인은 서울에서 멀리 그리워하니
끝없는 근심이 남몰래 맺히네
手種寒梅護一堂　　今年應發滿園香
主人京洛遙相憶　　無限淸愁暗結腸

---

1) 기사(1569)년 69세 때의 작품임. 「연보」에 의하면, 1569년 정월에 이조판서에 임명되었으나 사양하였고, 판중추부사에 임명되었다고 하였음. 계당(溪堂)은 퇴계의 서당을 말함.

己巳正月 閉溪堂小梅消息去懷
閉浣溪堂少梅樹膩前褡當滿枝閒留
莫可待溪翁去莫破春寒早換形
手種寒梅護一堂今早應發滿園春色
人來漁邊相候無眼清然暗結腸

도산의 매화를 생각하다. 2수
憶陶山梅. 二首[1]

1
호수 위 산당에 몇 그루 매화
봄을 만나 주인이 오기를 기다리네
지난해는 이미 국화시절을 저버렸는데
어찌 차마 좋은 기약을 또 저버리고 보내네

湖上山堂幾樹梅　　逢春延佇主人來
去年已負黃花節　　那忍佳期又負回

2
병인년엔 해상의 신선을 만난 듯하였고
정묘년엔 나를 맞아주어 하늘로 오른 듯하였네
무슨 마음으로 오래 서울의 먼지에 물들며
매군을 향해 끊긴 현을 잇지 못하는가?

丙歲如逢海上仙　　丁年迎我似登天
何心久被京塵染　　不向梅君續斷絃

---

1) 자주에 "앞과 같다. 이때 한성(漢城)에 있었다"라고 하였음.

登湖山樓(用前時在灌城)

湖上山臺畫蘚樹權儘春延佇主人素衣
處士負夢花莫辨恐佳期又負白
雨露如逢海上仙下遣吾我以登天何
必多襪紅塵渠不向橋羣涯斷還

한성 우사에서 분매와 주고받다
漢城寓舍, 盆梅贈答

매선이 내 쓸쓸함을 동반해 주는 은혜를 입으니
객창은 소쇄하고 몽혼이 향기롭네
동으로 돌아갈 때 그대와 함께 가지 못함이 한스러운데
서울의 먼지 속에 고움을 간직해다오

頓荷梅仙伴我涼　　客窓蕭灑夢魂香
東歸恨未携君去　　京洛塵中好艷藏[1]

---

1) 자주에 "내 고향 예안(禮安)은 영남의 가장 북쪽에 있다. 육로로 조령(鳥嶺)을 거쳐 가면 남행(南行)이라 하고, 수로로 죽령(竹嶺)을 거쳐 돌아가면 동행(東行)이라 한다. 모두 예안(禮安)을 지적하여 말한 것이다"라고 하였음.

溪城寓舍無耀贈君
頓荷梅仙伴我凄凉蕙蒲灑夢魂香幂
歸眠未雅乃臥壺索淨塵中好蠢識

분매가 답하다
盆梅答

듣자니 도선과 우리 무리가 쓸쓸하다니
공이 돌아오기를 기다려 천향을 피우리라
바라건대 공이 상대하며 생각하는 곳에
옥설의 청진함을 함께 잘 간직하시오

聞說陶仙我輩涼　待公歸去發天香
願公相對相思處　玉雪淸眞共善藏

空櫳茨
問說陶仙義筆添續必歸去聲色無願
又相對相且雲玉雪清無共善歲

늦봄에 도산에 이르러 산매와 주고받다. 2수
季春, 至陶山, 山梅贈答. 二首

1
부귀와 명리가 어찌 그대에게 맞겠는가?
백발로 먼지 속으로 달려간 후 해를 넘겨 그리워했다오
이날 다행히 물러남을 임금께 허락받고
하물며 돌아옴이 우리들이 피어난 봄날임에랴

寵榮聲利豈君宜　　白首趨塵隔歲思
此日幸蒙天許退　　況來當我發春時[1]

2
주인이 답하다 主答
화정 때문에 그대를 얻으려고 함이 아니고
맑은 향을 몹시 사랑하여 스스로 그리움을 읊었도다
지금 나는 이미 와서 약속을 지키니
마땅히 내가 태평시절을 저버렸다고 꺼리지 말라

非緣和鼎得君宜[2]　　酷愛淸芬自詠思
今我已能來赴約　　不應嫌我負明時

---

1) 『퇴계집』에는 「梅贈主」라는 제목이 붙어있음.
2) 화정(和鼎): 국에 간을 맞추는 것. 매실식초는 소금과 함께 중요한 조미료였음. 화정은 또한 대신이 국정(國政)을 요리함을 말함.

雲春至陶山二難贈余

寵榮聲利豈吾志趨塵陽歲惡此

日幸家　天休遽況來當我發春時

主老

悲緣和罪渭君宜肱愛濟岑自迩里今

我之能素赴約不應憮我負　明時

늦봄에 도산정사에 돌아와 머물며 본 바를 적다

暮春, 歸寓陶山精舍, 記所見

이른 매화가 지금 성대하게 늦게야 피어나니
진달래 살구꽃이 어지럽게 나를 쫓아오네
향기로운 꽃은 십일을 못 간다고 말하지 마오
오래 머물러 마땅히 또 다른 봄을 돌아오게 하네

早梅方盛晩初開　　鵑杏紛紛趁我來
莫道芳菲無十日　　長留應得別春回[1)]

---

1) 자주에 "이때 산의 서쪽과 북쪽에는 모두 꽃이 피지 않았는데, 산사(山舍)에만 진달래가 난만하였고, 살구꽃도 뒤를 따라 서로 차례로 피었다. 지금 십여 일인데 봄이 다 하지 않았다고 한다"라고 하였음.

山居偶題

早梅方盛晚初開，鶴夢紛紛趁我五更真。
豈若霜風無十日，長留應漫別春回。

기명언이 분매시에 화답하여 보내온 것에 차운하다
次韻奇明彦追和盆梅詩見寄[1]

그대를 모진 눈과 바람 속에 맡겨두고
창안에서 맑고 고고하게 탈 없이 지내네
고향 산에 돌아와 누워 그리움이 그치질 않는데
신선의 참됨이 티끌 속에 있으니 애석하구나

任他饕虐雪兼風　　窓裏淸孤不接鋒
歸臥故山思不歇　　仙眞可惜在塵中

참고
화분에 매화 심어 비바람 보호하니
새 꽃봉오리 성긴 가지에서 아직 피지 않았네
밤 깊은 등불 아래
술잔 속에 있음을 기억하네

○盆培植護風○　　嫩蘂疎枝○○鋒
記得夜深燈火○　　○○○在酒杯中

— 기대승 「퇴계 선생의 건천동 우제의 분매를 읊다. 구산(龜山)의 〈저궁관매시〉의 운을 사용함(賦退溪先生乾川洞寓第盆梅, 用龜山渚宮觀梅韻)」 그 자주에 "삼월 초사일 봉은(奉恩)을 추배(追拜)하고 곧 써서 올렸다"라고 하였음.

---
1) 기명언(奇明彦): 고봉(高峯) 기대승(奇大升: 1527~1572). 명언은 그의 자.

次韻奇明彦進和盤梅詩見寄

漫說襄陽雪無風宓羲漢孤不揺錦幛

卧歎山迎石影仙真可惜在塵中

도산의 달밤에 매화를 읊다

陶山月夜, 詠梅

1

홀로 산창에 기대니 밤빛이 차가운데

매화가지 끝에 달이 떠올라 진정 둥그네

다시 미풍을 불러올 필요가 없으니

절로 맑은 향이 마당에 가득하네

獨倚山窓夜色寒　　梅梢月上正團團
不須更喚微風至　　自有清香滿院間

2

산의 밤이 적적하고 온 세상이 비었는데

흰 매화와 서늘한 달빛이 선옹을 동반하네

그중에 다만 앞 여울소리만 있는데

높은 때는 상음 같고 낮은 때는 궁음 같네

山夜寥寥萬境空　　白梅涼月伴仙翁
箇中唯有前灘響　　揚似爲商抑似宮

3

마당을 걸어가니 달이 사람을 좇아오고

매화 옆을 걸어 돌며 몇 번이나 돌았던가

밤 깊도록 오래 앉아 완전히 일어나길 잊었는데
향기는 옷에 가득하고 꽃 그림자는 몸에 가득하네

步屧中庭月趁人　　梅邊行遶幾回巡
夜深坐久渾忘起　　香滿衣巾影滿身

4

늦게 핀 매형이 더욱 참됨을 아니
그래서 응당 내가 추운 날을 겁냄을 알았네
가련하구나 이 밤에 마땅히 병이 낫는다면
밤새도록 달을 대하는 사람이 될 수 있으리라

晚發梅兄更識眞　　故應知我怯寒辰
可憐此夜宜蘇病　　能作終宵對月人

5

몇 해 전엔 돌아와서 기쁘게 향기를 맡았고
지난해엔 병에서 일어나 또 꽃을 찾았네
지금 차마 서호의 승경을 지니고
궁궐 먼지 속의 분망함을 널리 취하겠는가?

往歲行歸喜嗅香　　去年病起又尋芳
如今忍把西湖勝　　博取東華軟土忙[1]

---

1) 동화(東華): 궁궐의 동쪽 문.

6

노간이 돌아와 회옹을 감개케 하니
매화 삼첩곡에 의탁해 복사꽃 오얏꽃과 함께 함을
 부끄럽게 여겼네
한잔 술을 너에게 권한 것을 지금 어찌 얻겠는가
천년 후에 그리워하니 눈물이 가슴으로 떨어지네
老艮歸來感晦翁[2]　託梅三復嘆羞同
一杯勸汝今何得[3]　千載相思淚點胸

---

2) 노간(老艮): 송나라 간재(艮齋) 위섬지(魏掞之). 자는 원리(元履). 회옹(晦翁): 송나라 주희(朱熹). 주희의 「여러 사람들과 동파의 운자를 사용하여 함께 매화를 읊는데, 마침 원리의 편지를 받고, 그 사람을 생각하며 다시 이 시를 지어 뜻을 붙였다(與諸人用東坡韻, 共賦梅花, 適得元履書, 有懷其人, 因復賦此, 以寄意焉)」 시를 언급한 것임.
3) 2구와 3구는 모두 주희의 시 「與諸人用東坡韻, 共賦梅花, 適得元履書, 有懷其人, 因復賦此, 以寄意焉.」에서 인용하였음.

참고

나부산 아래 황모촌
소선이 신선으로 떠난 후 시혼만 남았네
매화가 스스로 삼첩곡으로 들어가서
지금도 만연의 어둠을 받아들이지 않네
아름다운 이름이 하루아침에 보통 초목들과 달라지니
빼어난 아리따움 천고의 높은 명성이 동원에 있네
도리어 빙질이 스스로 따뜻하지 못함이 가련한데
비록 장막이 있더라도 따뜻하게 하기가 어렵네
복사꽃 오얏꽃과 함께 봄빛 자랑함을 수치스럽게 여기고
감히 규곽과 아침햇살을 다투네
돌아오니 다만 수죽이 동반함이 있는데
적막하게 스스로 성근 울타리 문을 닫았네
역시 진의가 다시 있음을 아는데
호기를 끝내 말하기 어려움을 깨닫지 못했네
한잔 술을 너에게 권하니 나를 천하게 여기지 말라
너와 함께 산림 속 술동이를 보존하련다

羅浮山下黃茅村　　蘇仙仙去餘詩魂
梅花自入三疊曲　　至今不受蠻烟昏
佳名一旦異凡木　　絶艷千古高名園
却憐氷質不自暖　　雖有步障難爲溫
羞同桃李媚春色　　敢與葵藿爭朝暾
歸來只有脩竹伴　　寂歷自掩疎籬門
亦知眞意還有在　　未覺浩氣終難言
一杯勸汝吾不淺　　要汝共保山林罇

— 주희(朱熹), 「여러 사람들과 동파의 운을 사용하여 함께 매화를 읊었는데, 때마침 원리의 편지를 받고 그 사람에 대한 회포가 있어서 다시 이 시를 지어서 뜻을 붙였다(與諸人用東坡韻, 適得元履書, 有懷其人, 因復賦此, 以寄意矣)」

憐此夜宜稱猶能作終宵對月人
往歲行歸喜襄書去年病起又辭另如
今悉把西湖勝懷形東華軟土忙
老民歸來感晚翁託梅三復歎羞同一
林勸沒令何得千載相且溪點留

陶山月夜咏梅

獨倚山窗夜色寒梅梢月上正圓、不
須更喚微風至自有清雲滿院間
山夜寒、萬境空白梅涼月伴仙翁有
中唯有前灘響揚似為商柳似客
步屧中庭月趣人牎簾行遶我回巡郤
涼坐久澤氐起雲滿衣巾影滿身
晚發梅无更淺真恢蘧知我懶空辰可

매화 아래서 이굉중에게 주다

梅下, 贈李宏仲[1]

산가의 술 한 병을 불러다 두고
우연히 서로 만나니 다시 우리 무리일세
매화 옆에서 잔을 따르는데 매화가 권하니
마고선녀가 온다고 급히 청소할 필요가 없네

喚取山家酒一壺　適然相値更吾徒
梅邊細酌梅相勸　不用麻姑急掃除[2]

---

1) 이굉중(李宏仲)은 이덕홍(李德弘).
2) 소식(蘇軾)의 매화삼첩시의 "麻姑過君急掃灑" 구절을 인용하였음.

梅下贈李宏仲

喚起山家酒一壺遶簷相值更蹉跎
當細酌梅相勸不用麻姑玉擇磋

김언우와 신중의 매화운에 차운하다
次金彦遇慎仲梅花韻[1]

1
다만 고야선녀의 속세를 벗어난 자태만 알고
꽃피는 시절로서 이른가 더딘가는 비교하지 마오
온갖 붉은 꽃들 모두 안색을 잃었으나
작은 동원에 두세 가지가 피어났네

但知姑射出塵姿　莫把芳辰較早遲
萬紫千紅渾失色　小園驚動兩三枝

2
아리따운 하늘 꽃은 옥설의 자태인 듯
봄이 저물어 햇살 더딤이 무슨 방해가 되랴?
자세히 냉염함을 보니 더욱 정조가 굳으니
맑은 서리가 나뭇가지를 얼게 할 필요가 없으리라

婥約天葩玉雪姿　何妨春晚景遲遲
細看冷艷彌貞厲　不必淸霜凍樹枝

3
은둔한 난형은 매화를 애타게 그리워하고

개울가의 난제는 홀로 배회하네
시 부쳐 나에게 매화 읊는 흥을 돋우니
다시 그리운 사람에게 주어 함께 재촉하네

棲遯難兄苦憶梅　　溪居難弟獨徘徊
寄詩撩我吟梅興　　更與懷人一併催

---

1) 『퇴계집(退溪集)』에는 제목이 「奉酬金愼仲詠梅, 三絕句, 一近體」로 되어 있음. 김언우(金彦遇)는 김부필(金富弼: ?~1578). 언우는 그의 자. 호는 후조당(後凋堂). 신중(愼仲)는 김부의(金富儀)의 자. 호는 읍청(挹淸).

次金彥遇陳仲梅花韻

但知姑射出塵姿賣却東風較早逢著
些千紅渾未色中圍驚動兩三枝
婥約天葩玉雪姿伯娉春曉景匣、細
看冷艷彌貞厲不必清霜凍樹枝
粗豪誰兄惜梅濱豈難事獨泚佪寧
濤聲我今聊與爽懷人一併催

時癸巳題書

사진 : 김길효

매화를 읊다

永梅

운치와 격조가 맑지만 수척함이 심한 것은
얼음 서리에 모진 화난을 당한 후이기 때문이네
화답하여 일찍이 삼첩시를 외람되게 하였고
재배하여 오히려 백 그루가 성그네
우연히 작은 강적의 곡으로 들어갔고
두루 고사의 오두막에 심기가 적합하네
사람에게 더욱 싫증을 나게 하는 것은
장미와 작약이 어지럽게 피어나는 것이네

韻格淸癯甚	氷霜慘刻餘
和曾三疊僭[1]	栽尙百株疎
偶入小羌笛[2]	偏宜高士廬[3]
令人益生厭	薇藥欲紛如[4]

---

1) 소식의 매화삼첩시를 말함.
2) 진(晉)나라 환이(桓伊)가 강적(羌笛)을 잘 불어서「낙매화곡(落梅花曲)」을 지었음.
3) 임포의 고산 거처를 말함.
4) 『퇴계집』 자주에 "주선생(朱先生: 주희)이 일찍이 동파(東坡)의 「송풍정매화시(松風亭梅花詩)」에 화답하였는데, "매화가 스스로 삼첩곡으로 들어갔네(梅花自入三疊曲)"라는 말이 있었다. 대개 동파시 세 편은, 선생이 세 번 하답하여 모두 여섯 편이다. 편편마다 모두 선풍(仙風) 도운(道韻)이 있어서 매번 한번 외어보면 사람에게 표표연(飄飄然)하게 구름을 뚫는 기상을 지니게 하여서 그 흠모하

> 詠梅
>
> 韻格淸癯甚 氷霜燦剁㴱 和曾二疊借
> 栽當百㯰 踈偶入小苑笛 偏宜高士庵
> 吾人口夢生 獻瀲藥㘽㘽知

고 애락(愛樂)하는 정을 이길 수가 없다. 나 역시 일찍이 동호매(東湖梅)에 두 번 화납하였고, 도산매(陶山梅)에 한 번 화답하였는데, 외람됨을 어찌 말로 할 수 있겠는가? 범석호(范石湖)는 석호(石湖)의 설파(雪坡)에 매화 수백 본(本)을 심었고, 또 범촌(范村)에 심은 매화는 더욱 많다. 장약재(張約齋)는 옥조당(玉照堂)에 매화 삼사백 주를 심었다. 대개 빼어난 아취와 맑은 감상은 그 많음을 꺼리지 않는다. 내가 계장산사(溪莊山舍)에 매화를 심은 것은 겨우 십여 본인데, 장차 점차 넓혀가서 백 본에 이르게 할 참이다. 그래서 언급한 것이다"라고 하였음.

신중의 〈불급상매〉 시에 차운하다

次韻愼仲不及賞梅[1]

이별하고 떠난 후 매화가 처음 졌는데
거듭 찾아오니 내가 다시 늦었네
잘려나간 빙혼은 땅에 떨어져 가련하고
날려간 옥빛으로 빈 가지가 한스럽네
묘한 운치는 넘치는 상상에 늘어져 있고
고고한 풍격은 완연히 시구 속에 있네
열매가 맺어야 하는데 맺히지 못하면
화정을 어찌 깊이 기약하겠는가?

別去梅初落　　重來我復遲
翦氷憐委地　　飄玉恨空枝
妙韻森餘想　　孤風宛在詩
子成如未實　　和鼎詎深期

---

1) 『퇴계집』에는 제목이 「次韻金愼仲落梅」로 되어 있음.

次韻擴仲不及賞梅
別去梅初落重來我復遲剪冰誰與似
齅玉恨空枝妙韻森條想孤風宛在詩
子成如未定和鼎詎深期

읍청정 주인 김신중이 분에 매화를 길렀는데, 동짓달 그믐날 계장에 대설이 내릴 때 매화 한 가지와 시 두 절구를 부쳐왔다. 맑은 아취가 숭상할 만하여 차운하여 갚았다. 이로 인하여 지난 봄 서울에서 얻은 분매가 몹시 아름다웠는데, 얼마 후 동으로 돌아와서 그리움을 그치지 못했던 일을 기억하고, 뒤에다 아울러 언급하였다

挹淸主人金愼仲, 盆養梅花. 至月晦日, 溪莊大雪中, 寄來梅一枝詩二絶. 淸致可尙, 次韻奉酬. 因記得去春都下, 得盆梅甚佳, 未幾東歸, 思之未已. 於後併及之[1]

1
화분에서 섣달도 아닌데 매화가 피었는데
시내 위 응달에는 눈발이 날리네
꺾어서 그리움을 부쳐와 맑은 기운이 뼈에 스미니
읍청이란 이름이 참으로 허명이 아니네

盆中未臘梅花發　　澗上窮陰雪片橫
折寄相思淸入骨　　挹淸眞箇不虛名

2
몹시 생각나니 서울에서 이월 달에
분매를 두고 돌아오는 소매엔 선풍을 담았었네

어찌 알았으랴 이날 나의 서재에서

황종으로 변하여 나와 음률이 끝이 없네

痛憶京師二月中　　盆梅歸袖挹仙風
那知此日高齋裏　　幻出黃鍾律未窮[2]

---

1) 읍청정(挹淸亭): 예안(禮安) 오천(烏川)에 있음.
2) 황종률(黃鐘律): 섣달의 음률임.

龍尋美人金陵仲冬送臘梅花重開臨目深堪次雪中寄秦梅一枝詩二絶清韻而當次韻喜鄉園於清壹臺卷以游鉴梅其信柬愛柬揚旦之東是静波屏及之

盆中東朧矓花發沼上荷朦雪陰橫枝
寄調里濤人骨艷清客蜀不廛名
瘠骸条師二首中笠梅嫌琳艷沙風路
知此日方齋衰幻出羮鍾律永窗

사진 : 김길효

언우와 돈서가 함께 방문하여 신중의 분매운으로 짓다. 2수

彦遇, 惇敍同訪, 愼仲盆梅韻. 二首

1

동지 후 미약한 양기가 구지에서 생겨나니
분매의 놀란 움직임이 이미 봄보다 먼저이네
누가 두 시인을 그려낼 수 있겠는가
눈을 밟으며 술병 들고 주인을 방문함을

至後微陽生九地[1]   盆梅驚動已先春
誰能畫出兩騷客[2]   踏雪攜壺訪主人

2

창밖엔 눈보라가 쳐서 땅을 흔드는데
창 사이 매화봉오리엔 옥빛 봄기운이 생겨났네
아마 마땅히 하늘이 맑은 향을 보호함이 각별하여
추위의 위세를 막고서 사람들에게 주는 것이리라

窓外雪風吹動地   窓間梅蕊玉生春
故應天護淸香別   隔斷寒威餉與人

---

1) 구지(九地): 땅의 가장 깊은 곳.
2) 소객(騷客): 시인(詩人).

彥遇將叙回琦悵仲冬梅韻

重陵瀨陽坐九地盆梅驚覩已見春淮

難盡出雨驟穿蹈雪攜壺訪主人

言分雪風吹勁地空間梅藥不堪春坡

應天護清香別蘭斷寒歲饷興人

언우의 〈눈 속에 매화를 감상하고 다시 달 밝은 때를 약속하다〉 시의 운에 차운하다

彦遇雪中賞梅, 更約月明韻

눈이 옥가지를 비춰도 추위를 겁내지 않고
다시 달을 부르니 분명하게 보이네
그중에 어떻게 길이 달을 머물러두고
매화도 떨어지지 않고 눈도 녹지 않게 할 수 있을까

雪映瓊枝不怕寒　　更邀桂魄十分看[1]
箇中安得長留月　　梅不飄零雪未殘

---

1) 계혼(桂魄): 달의 이칭.

雪中紫梅要約周明韻
雪映瘦枝不怕寒　更邀桂魄十分看當
安得長留月梅下飄雲雪未殘

신중의 〈언우와 돈서에게 주다〉 시의 운에 차운하다
愼仲贈彦遇, 惇紋韻

한 치 얕은 땅도 동짓달 매화를 피워내어
어여쁨이 섣달까지 이어지니 재촉할 필요가 없는데
어찌 병든 노인처럼 추운 골짜기에 살며
다만 봄이 깊어진 후에야 비로소 피는가

寸土能開子月梅　連娟跨臘未須催
豈如病叟居寒谷　直到春深始見開

慎仲贈彦遇慳敘韻

寸玉能開子月梅　連娟跨臘李凡催望

如庵曳屐寒谷直到春深始見開

또 눈과 달빛 속에 매화를 감상한 시운에 차운하다
又雪月中賞梅韻

화분의 매화가 피어 맑은 경치인데
개울 위 눈빛이 찬 물가에 비추네
다시 밝은 달의 그림자를 붙이니
모두 섣달의 봄기운을 보내네
아득한 낭원의 지경에
아리따운 막고야선녀의 진면목이네
시 짓노라 애쓰지 마오
시가 많으면 또한 한 티끌과 같다오

盆梅發淸賞	溪雪耀寒濱
更著氷輪影	都輸臘味春
超遙閬苑境[1]	婥約藐姑眞
莫遣吟詩苦	詩多亦一塵

---

1) 낭원(閬苑): 낭풍대(閬風臺), 혹은 낭풍전(閬風巓)을 말함. 신선이 산다는 곳.

天雪中紫梅月韻

金輪穆清雲濱雪耀空濛更著氷輪影
都輸朧眜春趁遠間光境婷約藐姑吉
英直今詩若詩乏一塵

경오년 한식날 장차 안동에 있는 선조의 묘에 가서 참배하려 하였는데, 후조당 주인 김언우가 그때 돌아오는 길에 나를 맞이하여 매화를 감상하고자 하였다. 나는 이미 허락하였는데, 떠나라고 했을 때 때마침 소명이 내렸다. 이미 소명에도 감히 가지 못하여, 황공하여 가는 것을 그만두고 마침내 기약을 어기게 되었다. 이 때문에 슬프게 회포가 있어서 네 절구를 얻었는데, 후조당 매화와 서로 증답하는 것처럼 하여 언우에게 보내어 한번 웃음을 짓게 한다

庚午寒食, 將往展先祖墓於安東, 後凋主人金彥遇, 擬於其還, 邀入賞梅. 余固已諾之. 臨發, 適被召命之下, 旣不敢赴, 惶恐輟行, 遂至愆期. 爲之悵然有懷, 得四絶句, 若與後凋梅相贈答者, 寄呈彥遇, 發一笑也[1]

1
후조당 아래 한 그루 매화
봄 저물어 빙상 속에 홀로 피어났네
어찌 생각했으랴 조정의 문서가 전일에 내려와
아름다운 약속이 깨지게 될 줄을

後凋堂下一株梅　　春晩氷霜獨擅開
豈謂天書下前日　　能令佳約坐成頹

2
매화가 나를 속임이 아니라 내가 매화를 저버리니
많고 깊은 회포를 서로 펴는 것이 막히었네
풍류가 도산 절우사에 있지 않았다면
심사가 연래에 모두 무너졌으리라

梅不欺余余負梅　　幽懷多少阻相開
風流不有陶山社　　心事年來也盡頹

---

1) 경오(1570, 선조3)년 70세 때 한식날에 지은 작품임. 「연보」에 의하면, 이 해 정월에 역말을 타고 서울로 올라오라는 임금의 소명을 받았으나 감히 고령으로 올라가지 못했다고 하였다. 이 해 9월에는 도산에 나가 제생들에게 『계몽(啓蒙)』과 『심경(心經)』을 강론하였고, 10월에 기명언(奇明彦: 奇大升)에게 편지를 보내 「心統性情圖」를 논하였고, 11월에 「격물치지설(格物致知說)」을 개징하다가 건강이 심상치 않음을 깨닫고 제자들을 돌려보냈고, 12월에 봉화현감으로 있던 아들 준(寯)을 불러서 장례준비를 시켰는데, 비석을 세우지 말고 다만 작은 돌에 '퇴도만은진성이공지묘(退陶晩隱眞城李公之墓)'라고만 쓰도록 유언하고, 음력 8일 유시(酉時)에 정침실(正寢室)에서 앉은 채 돌아가셨다[坐忘]고 하였음.

渭天玄山前日暖今佳約坐成顏
梅不欺余、負梅幽懷多少阻相關風
流不有陶山社心事年來也畫顏

参于菅丘将往展先祖墓於蜀東渡澗至人金彦遇擁於其邊邀入賞梅余園三遊之既發遠被召命之下晚不敢赴悵恨輟行遂至愆期為之悵然有懷得四絕句奇與渡澗梅相贈答寄呈彦遇發一唫如豕

渡澗堂下一樹梅春晚冰霜獨擅澗堂

후조당 매화가 답하다
後凋梅答

1

들자니 그대는 지난봄에 벼슬을 마다하고

달빛에 낚시하고 구름에 쟁기질하니 참으로 좋은 사람인데

다시 세속의 일로 나를 저버렸으니

누구와 다시 서로 친해야 할지 모르겠네

聞君逃祿自前春　　釣月耕雲儘可人
更惹塵機來負我　　不知誰復與相親

2

시정이 얕지 않은 후조당의 봄인데

고절의 주인을 그대는 의아히 여기지 마오

나와 더불어 이미 마음으로 굳은 기약하였으니

마땅히 복사꽃 오얏꽃과 다시 친교하지 않으리라

騷情非淺後凋春　　苦節君休訝主人
與我已成心契密　　不應桃李更交親[1]

---

[1] 자주에 "어제 언우가 그 서당의 규모가 자못 사치스러워 매화의 운치와 맞지 않아서 병이 된다고 하는 말을 들었기 때문에 말연에 언급한 것이다(昨聞彥遇以堂制頗奢, 恐不稱梅韻爲病, 故末絕云.)"라고 하였음.

浚涓梅答

閱景逸稼自菊春釣月耕雲儘可人夷
慈塵機來負我不知誰復與相親
騷情非淺涓春若節君休誇主人興
我已感心契密不應挑李更交親

昨閱產遇以雲州閑叟記
石稱詩韻呂巖坡步浚之玄

내가 언우에게 준 시에서 "저쪽에서 매화를 찾아갈 약속을 저버렸으나 또한 도산매가 있어서 충분히 위로가 된다"고 하였는데, 언우가 계상에 찾아와 도산의 절우사를 둘러보고 말하기를 "매화가 추위에 손상이 매우 심하여 꽃이 필 것을 기필할 수 없습니다"라고 하였다. 나는 그 말을 듣고 반신반의하였다. 언우의 시에 차운하여 스스로 위로하고 또한 언우에게 보이고자 한다. 2수

余贈彦遇詩, 謂雖負尋梅於彼, 亦有陶山梅, 足以自慰. 已而, 彦遇來訪溪上, 歷陶社云. 梅被寒損特甚, 著花未可必. 余聞之, 將信將疑. 用彦遇韻以自遣, 且以示彦遇. 二首

1

결사한 도산의 매화 팔구 가지가
참된 백색으로 봄의 고절을 피워냄을 기다려 보려네
돌이켜 생각하니 의탁한 땅이 높아 추위가 심한데
천향이 너무 손상되지 않기를 바라네

結社陶梅八九條　佇看眞白發春孤
飜思託地高寒甚　莫是天香太損無

2

눈발 잔학하고 바람 모진데 싸워서 살아난 가지
꺾이어 상했어도 매운 기운 더욱 굳고 고절하네
그대의 팔주 팔준 팔급이 비록 시들었다 해도
집 세워주고 화로 피워주면 어찌 다 없어질 것인가

雪虐風饕戰許條　　摧傷烈氣更貞孤
君廚俊及雖凋謝[1)]　樹屋煙爐詎盡無

---

1) 주준급(廚俊及): 팔주(八廚)와 팔준(八俊)과 팔급(八及). 모두 뛰어난 인물을 말함. 팔주는 후한(後漢)의 도상(度尙)·장막(張邈)·왕고(王考)·유유(劉儒)·호무반(胡毋班)·진주(秦周)·번향(蕃嚮)·왕장(王章) 등 8인. 팔준은 동한(東漢)의 이응(李膺)·순욱(荀翌)·두밀(杜密)·왕창(王暢)·유우(劉祐)·위랑(魏朗)·조전(趙典) 등 8인. 팔급은 후한의 장검(張儉)·잠질(岑晊)·유표(劉表)·진상(陳翔)·공욱(孔昱)·원강(苑康)·단부(檀敷)·적초(翟超) 등 8인. 여기서는 다만 매화를 지칭하는 비유로 쓰인 것임.

余牆彥遇詩謂鄞寶奪魁於猊山曰陶山梅玉以負懸已而彥遇果該歷陶社玉梅被寒損甚薄花束子必余詞以攢信將物聞秀玉嶺以負魁異石 元老迪 績上

結社陶梅八九餘倚看真白發春訊飜
思託地高亨甚笑是天香未損無
雲虐風饕戰許曦摧傷烈氣更真認君
廚俊反雜渴謝樹屋畑爐誰束吾

사진 : 김길효

도산 매화가 겨울 추위에 손상당하여 탄식하며 읊은 시를 김언우에게 보내고 아울러 신중과 돈서도 보게 하였다

陶山梅爲冬寒所傷, 歎贈金彦遇, 兼示愼仲, 惇敍[1]

그대와 매화 구경하기로 일찍이 허락했는데
매화향기 날 때 내가 약속을 저버렸네
마음의 기약이 다만 산중의 매화에 있는데
개울가의 꿈은 밤마다 매화봉오리를 찾네
어제 매사에 그대와 함께 왔는데
매화 흥취 삭막하여 사람을 슬프게 했네
여덟 매화는 풍연 속에서 다만 빈 가지만 있고
한 매화는 몇 꽃봉오리가 오히려 아직 피지 않았네
청려장 집고 매화를 읊으며 백 번이나 돌았는데
겨울신은 어찌하여 내 매화에게 재앙을 입혔는가?
그대 집의 매화가 따뜻함을 얻은 것과 비교할 수 없으니
매사엔 바람 많고 추위가 더욱 혹독하다네
나는 하늘에 글을 올려 매화의 원한을 호소하고
나는 또 글을 지어 매화의 혼을 부르고자 하네
매화의 원한이 깊이 맺혀 하늘도 동정할 것이고
매화의 혼이 돌아오면 내 따뜻하게 대하려네
지난번 복사꽃과 오얏꽃이 매화의 흰빛을 시샘하여
호화롭게 꾸미고 다투어 매화의 고결함을 비웃었네

다만 내 매화의 본 뿌리가 남았다면

한번 꽃을 피우지 못함이 매화에게 어찌 결함이 되랴

하물며 한 그루만 핀다면 사람을 감동시키리니

매화여! 그대가 어찌 여러 붉은 꽃들과 한 봄을 다투리오?

나는 아침마다 와서 한 매군을 찾기를 원하니

서경 말에 다만 오문의 매자진만이 있었다네

與君賞梅曾有諾　　及到梅香我負約
心期獨在山中梅　　溪夢夜夜探梅蕚
昨日梅社共君來　　梅興索漠令人哀
八梅風煙但空枝　　一梅數蕚猶未開
杖藜吟梅遶百匝　　冥項胡爲我梅厄[2]
不比君家梅得暖　　梅社風多寒更虐
我欲牋天籲梅冤　　我欲作辭招梅魂
梅冤悄結天所憐　　梅魂歸來我所溫
向來桃李妬梅白　　奢華競笑梅孤潔
但使吾梅本根在　　一閟英華梅豈缺
何況一梅之發可動人　梅乎肯與千紅百紫爭一春
我願朝朝走訪一梅君　西京之末只有吳門梅子眞[3]

---

1) 자주에 "매 구마다 매(梅) 자를 사용했는데, 도연명(陶淵明)의 「지주시(止酒詩)」와 왕개보(王介甫; 王安石)의 「권학시(勸學詩)」의 체(體)를 본받은 것이다"라고 하였음.
2) 명욱(冥項): 전욱(顓頊). 오제(五帝) 중의 하나. 겨울을 담당하는 신.
3) 서경(西京)은 서한(西漢). 매자진(梅子眞)은 매복(梅福). 자진(子眞)은 그의 자임. 서한 때 군문학(郡文學)과 보남창위(補南昌尉)를 지냄. 나중에 왕망(王莽)이 전정(專政)하자 처자와 이별하고 회계(會稽)로 가서 변성명하고 오시(吳市)의 문졸(門卒)이 되었다고 함. 사람들이 그를 매선(梅仙)이라고 불렀음.

究我以作辭招梅魂梅究情結天不辭梅魂歸來我不溫向桃李妬梅白奢華競吹梅孤潔但使吾梅依舊在一湖美華梅豈欲何況一梅之濃而動人梅羊肯與千紅百紫爭一春我願朝夕立訪一梅君西泠之東只有吳門梅子真

陶山梅為冬寒所傷歎贈金彥遇無示慎傳悵然 每句用梅字效陶淵明止酒王介甫勸學侍體中

與長賞梅曾有游及到梅當我負約心
朝獨在山中梅溪夢夜三撩梅當昨日
梅社共若來梅興臺漢吾人歌八梅風
烟但空後一梅數蕚稍桌瀾枝兹吟梅
遠百面宴頂胡為我攀花不止君家梅
浮暖梅社風多寒更虐我悠悠天籟聲

계재에서 밤에 일어나 달을 마주하고 매화를 읊다

溪齋夜起, 對月詠梅

군옥산 꼭대기의 제일의 신선
얼음 살결 눈 빛깔이 꿈속에서 아리땁네
일어나 와서 달빛 아래 서로 만난 곳엔
완연히 선풍을 띠고 한번 찬연히 미소 짓네

群玉山頭第一仙[1]　氷肌雪色夢娟娟
起來月下相逢處　宛帶仙風一粲然

---

1) 군옥산(群玉山): 전설 속의 서왕모(西王母)가 사는 곳. 일찍이 주목왕(周穆王)이 이곳에서 서왕모를 만났다고 함. 옥산(玉山)이라고도 함.

溪齋夜起對月詠梅

摩玉山頭第一仙冰肌雪色夢娟娟起
來月下相逢受宛帶仙風一粲然

언우가 보낸 시에 차운하다

次韻彥遇見寄

조화는 홀로 빼어남을 온전히 해주고
하늘과 땅은 신묘한 공을 베풀었네
얼음으로 점철하였으니 햇볕에도 녹지 않고
눈으로 둥글게 뭉쳤으나 바람에도 놀라지 않네
다행히 아름다운 기약을 만나서 왔는데
어찌 좋은 구경이 헛될 줄 알았으랴
내년에 나무에 가득히 피면
달 밝은 가운데 와서 보리라

造化全孤秀	乾坤賦妙功
綴氷非爍日	團雪不驚風
幸値佳期至	那知勝賞空
明年開滿樹	來看月明中

次韻彥遇見寄

造化含孤秀乾坤賦妙功綴冰非煠日
圖雪不驚風幸值佳期至那知朕兆雲
明年開滿樹春看月明中

서울에 있는 분매를 호사자 김이정이 손자 안도에게 부탁하여 배에 실어 부쳐왔다. 기뻐서 한 절구를 지었다

都下盆梅, 好事金而精, 付安道孫兒, 船載寄來. 喜題一絶云

붉은 먼지 일만 겹을 완전히 벗어나서
속세 밖으로 좇아와서 여윈 노인을 벗하네
일 좋아하는 그대가 나를 생각하지 않았다면
어찌 해마다 빙설의 얼굴을 볼 수 있겠는가?

脫卻紅塵一萬重　　來從物外伴癯翁
不緣好事君思我　　那見年年氷雪容

表兄梅笙好事金玨精付其苗孫
覓解載寄来奉題一絕云
脫卻紅塵一擔重来渾似分伴癯翁不
緣好事君豈我耶兒年? 冰雪容

불입

허엽(許曄)의 「도산기발(陶山記跋)」

　만력(萬曆) 계유(癸酉: 1573)년 초가을 초길(初吉), 나의 벗 이감사(李監司) 청지(淸之)가 수양관(首陽館)에서 새로 간행한 퇴계 선생의 저술을 부쳐왔는데, 「도산기(陶山記)」와 「매화첩(梅花帖)」을 베끼고, 겸하여 그 대자서(大字書) 4장(張) 32자(字)를 부쳐왔다. 그리고 엽(曄)에게 그 발문을 지어달라고 부탁했다. 아! 퇴계 선생은 엽(曄)이 사모하여 배우기를 원했던 분이다. 배움은 이루지 못했지만, 한결 같은 생각을 항상 두고서 잊은 적이 없었다. 지금 그 저술한 수적(手跡)을 목격하니, 그 마음속의 감격함을 어찌 하리오? 선생은 영남에서 태어나셔서 도(道)를 품고 덕(德)을 닦으셨는데, 그 유풍(流風)의 여택(餘澤)이 참으로 우리 동쪽에 균등하게 끼쳐져 흥기(興起)시켰다. 다만 지역에는 원근(遠近)이 있고, 정무(政務)에는 지속(遲速)이 있어서, 서북(西北)의 인사들은 선생이 저술한 수적을 얻어 볼 수 있는 것이 거의 없었다. 감사(監司)가 이에 요연(窅然)히 깊게 생각할 수 있어서 간행을 도와서 그 전파를 널리 하게 하였다. 황해도(黃海道)의 사람들이 얻어 보지 않음이 없었으니, 그 공이 성대하다고 말할 만하다. 그것이 장차 관서(關西)로 흘러가서 변방의 인사들을 훈자(薰炙)하여 일으켜서 친상사장(親上死長)하는 풍속을 이룸이 어찌 멀다고 하겠는가? 권중(卷中)에 고봉(高峯) 기대승(奇大升) 명언(明彦)이 보운(步韻)한 시(詩) 약간 수(首)가 있었다. 아! 고봉(高峯)과 선생의 관계는 자징(子澄: 劉淸之)과 회암

(晦菴: 朱熹)의 관계와 같다. 여기에 붙여 보인 것은 참으로 견식 있는 말들이다. 나는 또한 그것을 슬퍼한다. 만일 하늘이 명언(明彦)의 수명을 더해주어서, 평생 선생과 함께 왕복하여 논변한 심성정(心性情)의 설(說)을 늙도록 잠완(潛玩)할 수 있었다면 그 세운 바가 어찌 여기에 그쳤을 뿐이겠는가? 불행히 요절하였으니, 아, 애석하구나! 아, 마음 아프구나! (통정대부(通政大夫), 홍문관부제학(弘文館副提學), 지제교겸경연참찬관(知制敎兼經筵參贊官), 춘추관수찬관(春秋館修撰官) 허엽(許曄)이 삼가 발문을 쓰다.)

萬曆癸酉孟秋初吉, 吾友李監司淸之, 自首陽舘, 寄以新刊退溪先生所著. 而寫「陶山記」與詩「梅花帖」, 兼以大字書四張三十二字. 仍命曄爲之跋. 嗚呼! 退溪先生, 曄之願慕而學焉者也. 學焉而未成, 一念常存而不弛. 今得以目擊夫所著手跡, 則其中心感激, 爲如何哉? 先生作於嶺南, 抱道修德, 其流風餘澤, 固吾東之所均被而興起也. 只以地有遠近, 政有遲速, 西北之士, 得見先生所著手跡者, 蓋無幾矣. 監司乃能貿然深思, 俾入于梓, 以廣其傳. 黃海之人, 無不覩. 其功可謂盛矣. 其將流被於關西, 使邊圉之士薰炙而起, 成親上死長之俗. 夫豈遠哉? 卷中有高峯奇大升明彦所步詩若干首. 噫! 高峯之於先生, 猶子澄之於晦菴也. 付見於此, 眞知言矣. 余又悲之. 使天假明彦之年, 平生與先生往復論辨心性情之說, 得以到老而潛玩, 則其所立, 豈止於此而已哉? 不幸而夭. 嗚呼惜哉! 嗚呼痛哉! (通政大夫。弘文館副提學, 知制敎兼經筵參贊官, 春秋館修撰官許曄。謹跋)

• 허엽(許曄: 1517~1580): 자는 태휘(太輝), 호는 초당(草堂). 서경덕(徐敬德)의 문인. 허난설헌과 허균의 부친. 대사간·부제학·경상도관찰사 등을 지냄. 김효원(金孝元)과 동인(東人)의 영수였음.

범성대(范成大)의 『범촌매보(范村梅譜)』

매화가 천하의 진귀한 물건[尤物]이란 점에 있어서는, 지혜롭거나 현명한 사람, 어리석거나 못난 사람을 막론하고 감히 다른 의논이 없다. 원포(園圃)를 가꾸고자 하는 사람은 반드시 먼저 매화를 심는데, 그 많음을 꺼리지 않는다. 다른 꽃들이 있거나 없거나, 많거나 적거나 간에 모두 그 경중(重輕)에 매이지 않는다. 나는 석호(石湖) 옥설파(玉雪坡)에 이미 매화 수백 본(本)을 가지고 있다. 근래 몇 해 사이 또 사남(舍南)에서 왕씨(王氏)의 취사(僦舍) 칠십 영(楹)을 사들여 모두 헐어 없애버리고 범촌(范村)을 조성하고, 그 땅의 삼분의 일에 매화를 심었다. 오하(吳下)에서 매화재배는 특히 성대한데, 그 품종이 하나가 아니다. 지금 비로소 그것들을 모두 얻었다. 얻은 바에 따라서 그 보(譜)를 적어서 호사자(好事者)들에게 남겨주려고 한다.

梅, 天下尤物, 無問智賢愚不肖, 莫敢有異議. 學圃之士, 必先種梅, 且不厭多. 他花有無, 多少, 皆不繫重輕. 余於石湖玉雪坡, 既有梅數百本. 比年, 又於舍南, 買王氏僦舍七十楹, 盡拆除之, 治為范村, 以其地三分之一與梅. 吳下栽梅特盛, 其品不一, 今始盡得之. 隨所得為之譜, 以遺好事者.

강매(江梅)

씨를 버려서 야생한 것으로서 재배하여 접을 붙이지 않은 것

이다. 또 직각매(直脚梅)라고 부르는데, 혹은 야매(野梅)라고 한다. 대개 산간(山間)이나 물가에서 황한(荒寒)하고 청절(淸絕)한 아취가 있는 것은 모두 이 본(本)이다. 꽃은 약간 작은데 성글고 수척하며, 운치가 있으며, 향기는 가장 맑고, 열매는 작고 단단하다.

　　遺核野生, 不經栽接者. 又名直脚梅, 或謂之野梅. 凡山間水濱, 荒寒淸絕之趣, 皆此本也. 花稍小而疎瘦, 有韻, 香最淸, 實小而硬.

조매(早梅)

꽃이 직각매(直脚梅)보다 낫다. 오중(吳中)은 봄이 늦어서 이월에 비로소 난만하게 피는데, 다만 이 품종은 동지 전에 이미 피기 때문에 '조(早)'라는 이름을 얻은 것이다. 전당(錢塘) 호수 가에 또 한 종류가 있는데 더욱 일찍 핀다. 나는 일찍이 중양일(重陽日)에 그것을 꺾어들고, "비낀 가지가 국화를 대하고 피었다"는 구절을 지은 바 있다.

행도(行都)에서 꽃을 사는 사람들은 다투어 우선으로 기이하게 여긴다. 초겨울에 미처 피지 않은 것의 가지를 욕실(浴室) 안에 두고 훈증(薰蒸)하여 피게 하고서 억지로 조매라고 부르는 것은 결국 (꽃이) 잘게 부스러져버리고 향기도 없다. 내가 지난날 계림(桂林)의 수령으로 있을 때, 입춘이면 매화 꽃철이 이미 지나가버렸다. 원석(元夕)에는 그 푸른 열매를 보게 되는데 모두 풍토가 바르지 않기 때문이다. 두자미(杜子美: 두보)의 시에 "매화꽃망울이 선달 전에 터져서, 매화가 해가 지난 후에 많네"라고 하였다. 단지 겨울과 봄이 교체되는 때가 바로 이 꽃의 시기일 뿐이다.

花勝直脚梅, 吳中春晚二月始爛漫, 獨此品於冬至前已開, 故得早名. 錢塘湖上亦有一種, 尤開早. 余嘗重陽日親折之, 有"橫枝對菊開"之句.

行都賣花者, 爭先為奇. 冬初所未開, 枝寘浴室中薰蒸, 令拆, 强名早梅, 終瑣碎, 無香. 余頃守桂林, 立春, 梅已過. 元夕則見青子, 皆非風土之正. 杜子美詩云"梅蘂臘前破, 梅花年後多." 惟冬春之交, 正是花時耳.

관성매(官城梅)

오하(吳下)의 포인(圃人)들은 직각매(直脚梅)로서 다른 본(本) 가운데 꽃이 비육하고 열매가 아름다운 것을 택하여 접을 붙이는데, 꽃이 마침내 넓고 기름지고, 열매 또한 아름다워서 전조(煎造)로 들일 수 있다. 당(唐)나라 사람들이 관매(官梅)라고 부르는 것은 다만 관부(官府)의 원포(園圃) 안에 있는 것을 말하는 것일 뿐, 이 관성매가 아니다.

소매화(消梅花)와 강매(江梅)는 관성매와 서로 비슷한데, 그 열매는 둥글고 작으며, 거칠고 무른데, 즙액이 많고 찌꺼기가 없다. 즙액이 많으면 햇볕으로 말릴 수 없기 때문에 전조(煎造)로 들일 수 없다. 또한 마땅히 익지 않게 해야만 푸르게 먹을 수 있다. 배[梨]에 비교하면 (배 가운데) 또한 일종의 가볍고 거친 것이 있어서, 소리(消梨)라고 부르는데, 이것과 더불어 같은 의미이다.

吳下圃人, 以直脚梅擇他本花肥實美者, 接之, 花遂敷腴, 實亦佳, 可入煎造. 唐人所稱官梅止謂"在官府園圃中", 非此官城梅也.

消梅花與江梅, 官城梅相似, 其實圓小鬆脆, 多液無滓. 多液則不耐

日乾, 故不入煎造, 亦不宜熟, 惟堪青噉, 比梨, 亦有一種輕鬆者, 名消梨, 與此同意.

고매(古梅)

회계(會稽)에 가장 많고, 사명(四明)과 오흥(吳興)에도 또한 간혹 그것이 있다. 그 가지가 휘어져 굽은 것이 천태만상이고, 푸른 이끼가 비늘처럼 주름져서 화신(花身)을 봉하여 가득하다. 또한 나뭇가지 사이에 이끼의 수염이 드리운 것이 있는데, 어떤 것은 길이가 수촌(數寸)이어서, 바람이 불면 초록 실이 표표히 날려서 완상할 만하다. 처음에 '고목(古木)'이라고 부른 것은 오래 바람과 햇살을 겪었기 때문에 그런 것이다. 회계에서 생산되는 것을 상세히 살펴보면, 비록 작은 나무일지라도 또한 이끼흔적이 있어서 대개 별도의 한 종류이니, 반드시 고목(古木)이 아니다. 나는 일찍이 회계에서 십 본(本)을 옮겨 심었는데, 일 년 후 꽃은 비록 왕성하게 피었으나, 이끼는 모두 벗겨져 떨어지고 거의 없어지고 말았다. 호주(湖州) 무강(武康)에서 얻은 것은 변하여 바뀌지 않았는데, 풍토(風土)가 서로 적합하지 않았던 것이다. 회계는 한 강물로 막혀 있고, 호주(湖州)와 소주(蘇州)는 땅을 접하고 있기 때문에 풍토가 적합하지만 간혹 다르고 같음이 있다. 대개 고매(古梅) 가운데 이끼가 많은 것은 꽃과 잎의 눈을 굳게 봉해 버리는데, 오직 작은 틈 사이로 비로소 꽃을 피울 수 있다. 꽃은 비록 적지만 기(氣)가 모였기 때문에, 풍유(豐腴)하고 묘절(妙絕)하다. 이끼가 벗겨져 떨어진 것은 꽃이 피면 많은 것이 일반 매화와 같다.

성도(成都)로부터 이십 리 거리에 누운 매화[臥梅]가 있는데, 기울어진 것이 십여 장(丈)이고, 서로 전하기를 당(唐)나라 때의 나무라고 한다. 그것을 매룡(梅龍)이라 부른다. 호사자(好事者)들이 술을 싣고 그곳으로 놀러간다.

청강(淸江)의 주가(酒家)에 수 칸의 집만한 큰 매화가 있는데, 곁가지가 사방으로 드리웠고, 사방 둘레에 수십 인을 늘어서 앉힐 수가 있다. 임자엄(任子嚴: 任詔) 운사(運使)가 사서 얻었는데, 능풍각(凌風閣)을 짓고 그것을 임하게 하였다. 이로 인하여 마침내 큰 원포(園圃)를 축조하고, 반원(盤園)이라 불렀다.

내가 평생 보아온 매화 가운데 기이하고 예스러운 것은 오직 이 두 곳을 으뜸이라 여겼다. 붓 따라 그것을 기록하여 고매 뒤에 붙여둔다.

會稽最多, 四明·吳興亦間有之. 其枝樛曲萬狀, 蒼蘚鱗皴, 封滿花身. 又有苔鬚垂於枝間, 或長數寸, 風至, 綠絲飄飄, 可玩. 初謂'古木', 久歷風日致然. 詳考會稽所産, 雖小株, 亦有苔痕, 蓋別是一種, 非必古木. 余嘗從會稽移植十本, 一年後, 花雖盛發, 苔皆剝落殆盡, 其自湖之武康所得者, 卽不變移, 風土不相宜. 會稽隔一江, 湖蘇接壤, 故土宜或異同也. 凡古梅多苔者, 封固花葉之眼, 惟鑄隙間始能發花. 花雖稀而氣之所鍾, 豐腴妙絶, 苔剝落者, 則花發仍多, 與常梅同.

去成都二十里, 有臥梅, 偃蹇十餘丈, 相傳唐物也. 謂之梅龍. 好事者, 載酒遊之.

淸江酒家有大梅如數間屋, 傍枝四垂, 周遭可羅坐數十人. 任子嚴運使買得, 作凌風閣臨之, 因遂進築大圃, 謂之盤園.

余生平所見梅之奇古者, 惟此兩處爲冠, 隨筆記之, 附古梅後.

중엽매(重葉梅)

꽃 머리[花頭]가 몹시 풍만하고, 꽃잎은 중첩되어 여러 층이고, 활짝 피면 작은 백련 같은데, 매화 중에서 기품(奇品)이다. 화방(花房)이 독출(獨出)하여 결실(結實)이 쌍(雙)으로 된 것이 많아서 더욱 괴이(瑰異)한데, 매화의 변화를 지극히 하여 화공(化工)이 솜씨를 남김없이 베풀었다. 근년(近年)에 바야흐로 그것을 보았는데, 촉해당(蜀海棠)에도 중엽(重葉)을 가진 것이 있어서 연화해당(蓮花海棠)이라 부르고 천하제일로 삼으니, 이 매화와 더불어 상대할 만하다.

花頭甚豐, 葉重數層, 盛開如小白蓮, 梅中之商品. 花房獨出而結實多雙, 尤爲瑰異, 極梅之變, 化工無餘巧矣. 近年方見之, 蜀海棠有重葉者, 名蓮花海棠, 爲天下第一, 可與此梅作對.

녹악매(綠萼梅)

대개 매화는 꽃받침[衬蒂]이 모두 강자색(絳紫色)인데, 오직 이것만이 순록(純綠)이다. 가지는 단단하고 역시 푸르러서 특히 청고(淸高)한데, 호사자들이 그것을 비유하여 "구의선인악록화(九疑僊人萼綠華)"라고 한다. 경사(京師)의 간악(艮嶽)에 악록화당(萼綠華堂)이 있는데, 그 아래에 오로지 이 본(本)만 심어놓았다. 인간세상에서 또한 많이 있지 않은 것으로서 당시에 귀중하게 여겨졌다. 오하(吳下)에 또한 일종의 꽃받침[萼]이 있는데 역시 미록(微綠)이지만, 사변(四邊)은 오히려 옅고, 붉은 것[絳]은 얻기 어렵다.

凡梅花, 衬蒂皆絳紫色, 惟此純綠. 枝梗亦青, 特爲清高, 好事者比之"九疑僊人萼綠華". 京師艮嶽有萼綠華堂, 其下專植此本. 人間亦不多有, 爲時所貴重. 吳下又有一種萼, 亦微綠, 四邊猶淺, 絳亦自難得.

백엽상매(百葉緗梅)

또한 황향매(黃香梅)라고 부르고, 또 천엽향(千葉香)이라 부른다. 매화 꽃잎은 이십여 판(瓣)에 이르고, 중심의 색[心色]은 미황(微黃)이고, 화두(花頭)는 약간 적고 번밀(繁密)한데, 별도로 일종의 방향(芳香)이 있어서, 일반 매화와 비교하면 더욱 짙고 아름답다. 열매를 맺지 않는다.

亦名黃香梅, 亦名千葉香. 梅花葉至二十餘瓣, 心色微黃, 花頭差小而繁密, 別有一種芳香, 比常梅尤穠美. 不結實.

홍매(紅梅)

분홍색(粉紅色)이다. 표격(標格)은 오히려 매화이지만, 번밀(繁密)함은 살구꽃 같다. 향기 또한 살구꽃과 같다. 시인(詩人)에게 "북쪽사람은 전혀 알지 못하고, 온통 살구꽃으로만 본다"는 구절이 있고, 강매(江梅)와 동시에 피어서 홍백(紅白)색이 서로 비추면, 원림(園林)의 초봄의 절경(絶景)이 된다. 매성유(梅聖俞: 매요신)[1]의 시에 "복사꽃엔 초록 잎이 없음을 알고, 살구꽃엔 푸른 가지가 있음을 아네"라고 했는데, 당시에 저명한 작품으로 여겼다. 동파(東坡: 소식)의 시에 "시 짓는 노인이 매화의 격조가 있는 곳을 알지 못하고, 다시 초록 잎과 푸른 가지를 보네"라고 하였는데, 대개 그것이 운치가 없다고 말하고, 홍매를 위해 조롱을 풀어준 것이라 한다. 승평(承平) 때 이 꽃은 고소(姑蘇)에서 특히 번성하였다. 안원

헌공(晏元獻公: 안수)이 처음 서강(西岡)의 원포(園圃) 안으로 옮겨 심었다. 하루는 귀인(貴人)이 놀러왔다가 원리(園吏)에게 뇌물을 주고 한 가지를 얻어다가 접을 붙였다. 이로부터 도하(都下)에 두 본(本)이 있게 되었다. 일찍이 객과 함께 꽃 아래서 술을 마시면서 시를 짓기를 "만약 다시 피어 이삼 개월 늦어진다면, 북쪽 사람들은 살구꽃으로 보리라"라고 하니, 객이 "공의 시는 참으로 좋지만, 북쪽 풍속을 대우하기를 어찌 천하게 하십니까?"라고 하였다. 안공이 웃으면서 "창부(傖父: 北人)가 어찌 다른 대우를 얻을 수 있겠는가?"라고 하였다. 왕기(王琪) 군옥(君玉)이 당시 오군(吳郡)의 수령으로 있었는데, 꽃 품종을 도둑맞았다는 사건을 듣고서, 시를 지어 공에게 보내기를 "관왜궁(館娃宮) 북쪽에 정신(精神)을 피우니, 분바른 얼굴 수척하고 옥빛 차가운데 꽃술 드러내니 새롭네. 원리(園吏)가 무단히 훔쳐 꺾어가니, 봉성(鳳城)엔 이로부터 두 몸이 있게 되었네"라고 하였다. 당시에는 이처럼 얻기가 어려웠다. 근래 몇 년 사이 점차 옮겨서 접을 붙이니, 거의 숫자를 헤아릴 수 없게 되었다. 세상에 전하는 오하(吳下)의 홍매시(紅梅詩)가 매우 많은데, 다만 방자통(方子通: 方惟深) 일 편이 절창(絶唱)으로서, "자부(紫府)에서 단약을 주어 환골(換骨)을 하니, 봄바람이 술기운을 불어 엉긴 연지에 올려놓네"라는 구절이 있다.

粉紅色. 標格猶是梅, 而繁密則如杏. 香亦類杏. 詩人有"北人全未識, 渾作杏花看"之句, 與江梅同開, 紅白相映, 園林初春絶景也. 梅聖俞詩云"認桃無綠葉, 辨杏有靑枝." 當時以爲著題. 東坡詩云"詩老不知梅格在, 更看綠葉與靑枝", 蓋謂其不韻, 爲紅梅解嘲云. 承平時, 此花獨盛於姑蘇. 晏元獻公, 始移植西岡圃中. 一日貴游, 賂園吏得一枝分接. 由是都下有二本, 嘗與客飮花下, 賦詩云"若更開遲三二月, 北人應作杏花看", 客曰"公詩固佳, 待北俗何淺耶?" 晏笑曰"僉父安得不然." 王琪君玉, 時守吳郡, 聞盜花種事, 以詩遺公曰"館娃宮北發精神, 粉瘦瓊寒露葉新. 園吏無端偸折去, 鳳城從此有雙身." 當時罕得如此. 比年展轉移接, 殆不可勝數矣. 世傳吳下紅梅詩甚多, 惟方子通一篇絶唱, 有 "紫府與丹來換骨, 春風吹酒上凝脂"之句.

---

1) 석연년(石延年)의 잘못임.

원앙매(鴛鴦梅)

다엽홍매(多葉紅梅)이다. 꽃이 아리따운데, 겹꽃잎[重葉]이 여러 층이고, 대개 쌍과(雙果)인데, 반드시 꽃받침을 함께 한다. 다만 이 한 꽃받침에 쌍 열매를 맺으니, 매화는 역시 우물(尤物)이다. 행매화(杏梅花)는 홍매(紅梅)에 비하여 색이 약간 엳다. 맺힌 열매는 몹시 납작하고, 난반색(爛斑色)이 있고, 완전히 살구 맛과 같은데, 홍매에 미치지 못한다.

多葉紅梅也. 花輕盈, 重葉數層, 凡雙果, 必並蒂. 惟此一蒂而結雙, 梅亦尤物. 杏梅花比紅梅色微淡, 結實甚匾, 有爛斑色, 全似杏味, 不及紅梅.

납매(蠟梅)

본래 매화의 종류가 아닌데, 그것이 매화와 동시에 피고, 향기 또한 서로 가깝고, 색이 몹시 밀유(蜜腴)한 점이 같기 때문에 납매라고 부른 것이다. 대개 세 종류가 있는데, 종자를 심어 키워서 접을 붙이지 않은 것은 꽃이 작고 향기가 옅어서, 그 품종이 최하로서 세속에서 구승매(狗蠅梅)라고 부른다. 접을 붙이면 꽃이 성글어서 비록 활짝 피더라도, 꽃은 항상 반쯤 머금어있어서 경구매(磬口梅)라고 부르는데, 승경(僧磬)의 입[口]과 같다는 것을 말한 것이다. 가장 먼저 피며, 색이 짙고, 누런색이 자단(紫檀)과 같으며, 꽃은 밀접하고, 향기가 짙은 것은 단향매(檀香梅)라고 부른다. 이 품종이 가장 좋다. 납매는 향기가 지극히 맑고 향기로워서 거의 매화 향기를 뛰어넘는데, 처음엔 형상(形狀) 때문에 귀하게 여기지 않는다. 그래서 제영(題詠)이 어렵다. 산곡(山谷: 黃庭堅)과 간재(簡齋: 陳與義)는 다만 오언(五言) 소시(小詩)를 지었을 뿐이다. 이 꽃은 묵은 잎이 많고, 맺은 열매는 드리운 방울 같은데, 뾰쪽한 길이가 일 촌여(寸餘)이다. 또 큰 복숭아 같은데, 노자(奴子)가 그 속에 있다.

本非梅類, 以其與梅同時, 香又相近, 色酷似蜜脾, 故名蠟梅. 凡三種, 以子種出, 不經接, 花小香淡, 其品最下, 俗謂之狗蠅梅. 經接, 花疎, 雖盛開, 花常半含, 名磬口梅, 言似僧磬之口也. 最先開, 色深, 黃如紫檀. 花密香穠, 名檀香梅. 此品最佳. 蠟梅, 香極淸芳, 殆過梅香, 初不以形狀貴也. 故難題詠, 山谷簡齋但作五言小詩而已. 此花多宿葉, 結實如垂鈴, 尖長寸餘. 又如大桃, 奴子在其中.

후서(後序)

매화는 운(韻)이 승(勝)하고, 격(格)이 높기 때문에 비낀 가지가 성글고 수척하고, 늙은 가지가 괴기한 것을 귀하게 여긴다. 그 새로 접을 붙인 어린 나무는 일 년 만에 새 가지를 곧장 위로 뽑아내는데, 간혹 삼사 척(尺)이나 되어 도미(酴醾)나 장미(薔薇) 무리와 같은 것이 있다. 오하(吳下)에서는 그것을 기조(氣條)라고 부르는데, 이는 다만 열매를 취하여 이익을 얻는데 적합할 뿐 이른바 운과 격이 없다. 또 일종의 거름흙의 힘으로써 승한 것은 줄기 위에 짧은 비낀 가지가 나오는데, 모양이 가시 침 같고, 꽃은 밀접하게 이어져서 또한 고품(高品)이 아니다. 근세에 처음 묵매(墨梅)를 그리는데, 강서(江西)에는 양보지(楊補之)라는 자가 있어 더욱 유명하다. 그 무리 가운데 그것을 모방하는 자들이 실로 많은데 양씨의 그림을 보면 대략 모두 기조(氣條)일 뿐이고, 비록 필법(筆法)이 기초(奇峭)하지만 매화와는 거리가 멀다. 오직 염의중(廉宣仲)이 그린 것이 약간 풍치(風致)가 있지만, 세상에서 그것을 평하는 사람이 드문데, 내가 그래서 보(譜) 뒤에 붙여놓는다.

梅, 以韻勝, 以格高, 故以橫斜疎瘦與老枝怪奇者為貴. 其新接稺木, 一歲抽嫩枝直上, 或三四尺, 如酴醾·薔薇輩者, 吳下謂之氣條, 此直宜取實規利, 無所謂韻與格矣. 又有一種糞壤力勝者, 於條上茁短橫枝, 狀如棘針, 花密綴之, 亦非高品. 近世始畫墨梅, 江西有楊補之者, 尤有名. 其徒倣之者, 實繁, 觀楊氏畫大畧皆氣條耳, 雖筆法奇峭, 去梅實遠, 惟廉宣仲所作差有風致, 世鮮有評之者, 余故附之譜後.

• 범성대(范成大: 1126~1193): 송(宋)나라 평강부(平江府) 사람. 소흥(紹興) 때 진사가 되어, 참지정사(參知政事), 지태평부(知太平府) 등을 지냄. 남송의 대표적인 시인 중의 한 사람으로서 그의 「사시전원잡흥(四時田園雜興)」 60수는 인구에 회자된다.

고봉(高峯) 기대승(奇大升)의 「퇴계 선생의 매화시에 차운하다. 칠언절구 8수(仰次退溪先生梅花詩, 七言絶句八首)」

1

선생의 깊은 언약 한매에게 붙였는데

서울의 풍진 속에 우연히 홀로 왔네

돌아갈 생각 드넓은데 봄은 저물지 않아

진정 성긴 그림자가 슬픔을 위로해주니 사랑스럽네

先生幽契託寒梅　　京洛風塵偶獨來

歸興浩然春不暮　　定憐疏影慰摧頹

2

맑은 창가에 한 가지 매화

나는 벌들이 꿀을 취하려고 오는 것을 허락지 않네

금일 이별의 회포에 공연히 스스로 괴로운데

백 잔 술 들이켜 마구 취해 쓰러지네

晴牕○著一枝梅　　不許遊蜂取次來

今日別懷空自苦　　百觴澆下任○頹

3

공은 매화 찾아 고향 동산으로 돌아가는데

나는 영록을 탐하여 먼지 속에 체류하네

향 사르며 배 댄 곳 어디인지 알겠는데

비바람 어두운데 홀로 문을 닫고 있네

公欲尋梅返舊山　我貪榮祿滯塵間

燒香繫纜知何處　風雨冥冥獨掩關

(삼월 초십일, 풍우가 매우 심했는데, 멀리서 가는 배를 상상하며 홀로 깊은 방에 있었기 때문에 이 말이 있게 되었다.)

4

호수 위 황량한 여막은 푸른 산에 의지했는데

수척한 매화는 대숲 두르고 창에 비추네

지금 봄소식이 마땅히 예전과 같으리니

내 공명심을 벗어나지 못함이 부끄럽네

湖上荒廬倚碧山　瘦梅備竹映牕間

祗今春信應如舊　愧我功名未透關

5

아득히 맑게 빼어난 학 위의 선인

일부러 향기로운 뜻을 봄날에 드러내니

누가 정실이 안개비 속에 드리움을 동정하랴

심어서 나온 좋은 싹이 눈앞에 있네

縹緲淸標鶴上仙　故將芳意露春天

誰憐鼎實垂煙雨　種出嘉萌在眼前

6
고개 밖의 한매는 적선인데
외로운 꽃들 떠돌며 각자 천성을 보존하네
언제나 달빛 아래서 깊은 회포를 풀어볼 건가
말이 희황씨가 팔괘를 그렸던 이전까지 이르네
嶺外寒梅是謫仙　孤芳羈跡各全天
何當月下開幽抱　說到羲皇畫卦前

7
남몰래 서리의 추위를 이겨내고 달빛 띠고 서늘한데
작은 창가에 배양하여 은미한 향기를 피우네
얼음의 자태를 내년을 기다려 감상하리니
원정에게 말 전하여 함부로 감추지 못하게 하리라
暗傲霜寒帶月凉　小牕培養發微香
氷姿擬待明年賞　報道園丁莫謾藏

8
늠름한 고절이 더위 물리치고 서늘한데
바람 불고 안개 어두워도 향기를 없애지 않네
봄이 뭇 꽃들을 거느리고 난만함을 좇으니
물가 숲 아래에 깊이 감추리라
稜稜高節撥炎凉　風動煙昏不廢香
春攬百花從爛熳　水○林下且深藏

- 기대승(奇大升: 1527~1572): 자는 명언(明彦), 호는 고봉(高峯)·존재(存齋). 본관은 행주(幸州). 1549(명종4)년에 사마시를 거쳐 1558년 식년문과에 합격하여 사관(史官)이 되었다. 1563년 사가독서(賜暇讀書)를 하였고, 사정(司正)으로 있을 때, 훈구파에 의해 신진사류(新進士類)의 영수로 지목되어 삭직(削職)되었음. 1567(명종22)년에 복직되어 대사성, 부제학, 대사간 등을 지냄. 퇴계 이황과 四端七情)에 대해 오랜 기간 논쟁하며 성리학에 일가를 세웠음. 저서로『고봉집(高峯集)』,『주자문록(朱子文錄)』,『논사록(論思錄)』등이 있음.

송경(宋璟)의 「매화부 병서(梅花賦 幷序)」

　수공(垂拱) 3년, 내 나이가 이십오 세였다. 과거시험이 다시 북쪽에 있어서, 종부(從父)께서 동천부(東川府) 수관관사(授館官舍)에 가시는 것을 수행했다. 마침 병이 나서 한 달 넘게 이어졌는데, 흙담장 가를 돌아보니 매화 한 그루가 어지러운 초목들 속에서 꽃을 피우고 있었다. 나는 위연(喟然)히 탄식하며 말했다. "이 매화는 그 마땅한 장소가 아닌 곳에 의탁하고서도 출중한 자태가 어찌 특별한가? 그 곧은 마음을 변치 않았으니, 이는 취할 만하다!" 감개하고 흥이 나서 마침내 부(賦)를 지었다.

　높은 집은 적막하게 조용하고, 한 해가 저물어가는 산은 깊은데, 해는 어둑어둑 기울어 지나가고, 바람은 근심스레 어지럽게 신음한다. 깊은 처마 밑에 앉아서 벗도 없는데, 한 술자리를 마련케 하여 홀로 따른다. 앞 섬돌로 걸어가 서성이고, 담 그늘에서 청려장에 기댄다. 울창한 한매(寒梅)가 있는데 누가 그것을 심었던가? 초록 잎이 나기 전에 먼저 꽃을 피우고, 묵은 그루터기에서 푸른 가지를 뽑아내고, 수려하게 꽃이 피어 빙옥(氷玉)같은 한 색깔이다. 어찌하여 여러 초목들에게 잡스럽게 둘러싸이고, 또 우거진 가시나무 속에서 황폐하게 가려졌는가? 왕손(王孫)이 알아주지 않더라도, 그 결백(潔白)함이 어찌 그리 지극한가?

　옥빛 꽃은 눈[雪]을 꿰어놓은 듯하고, 붉은 꽃받침은 서리를 붙여놓은 듯하여, 의젓함이 분을 바른 듯하니, 이는 하랑(何郞: 何晏)

이라 하겠다.[1] 맑은 향이 몰래 끼쳐져 성근 꽃술에서 그윽이 냄새 나서 또한 향을 훔친 듯하니, 이는 한수(韓壽)라 하겠다.[2] 차가운 비가 저녁에 축축하고, 이른 이슬이 아침에 자욱하니, 또한 여영(女英)과 아황(娥皇)이 구의산(九疑山)에서 울고 있는 듯하다.[3] 겨울해가 허공을 밝게 비추고, 밝은 달이 밤을 비추니, 또한 신인(神人)이 고야산(姑射山)에서 온 듯하다. 안개가 어두우니 아침에도 어둡고, 장마가 이어져서 낮에도 문을 닫으니, 또한 번통덕(樊通德)이 소매로 얼굴을 가리고 머리를 감싸 쥐는 듯하다.[4] 미친바람이 모래를 말아 날리며 흰 꽃을 날리고 어린 가지를 꺾으니, 녹주(綠珠)의 가벼운 몸이 누대 아래로 떨어지는 듯하다.[5] 반은 머금고 반은 피어서 침묵함도 아니고 말함도 아니니, 온백설자(溫伯雪子)가 도(道)가 존재함을 목격하는 듯하다.[6] 굽어보기도 하고 우러러 보기도 하여 미소 지음도 아니고 화냄도 아니니, 동곽신자(東郭愼子)의 단정한 얼굴이 사물을 깨치게 하는 듯하다.[7] 초췌함은 영균(靈均: 굴원)[8]과 같고, 오만함은 만천(曼倩: 동방삭)[9]과 같고, 아리따움은 문군(文君: 탁문군)[10]과 같고, 날렵함은 비연(飛燕: 조비연)[11]과 같은데, 입으로 평가하여 견주어 논의하기가 두루 어렵다.

저들은 구원(九畹) 넓이의 밭에 난(蘭)을 재배하고,[12] 오작궁(五柞宮)[13]에서 혜초(蕙草)를 채취하고, 부용꽃을 이어 꿰매고,[14] 작약(芍藥)을 주고,[15] 소산(小山)의 우거진 계수나무[叢桂]를 완상하고,[16] 향기로운 물 섬[芳洲]에서 두약(杜若)을 주웠다.[17] 이 물건들은 모두 땅에서 생산되는 기이한 것들 가운데서 나왔는데, 그 이름들은 풍인(風人: 詩人)들의 기탁(寄託)에 의하여 드러났다. 그러나 봄에 아름다운 것은 가을을 바라보면 먼저 떨어져버린다. 여름에 무성한 것은 겨울이 되기도 전에 이미 시들어버린다. 어떤 것은 아침에 피어났다가 신속히 저버리고, 어떤 것은 저녁에 빼어났다가 빠르게 시들어버린다.

어찌 이 나무처럼 한겨울에 홀로 아름답고, 얼음이 얼고 서리가 차가워도, 아름다움과 권세를 독점하겠는가? 저 여러 꽃들을 살펴보면, 어떤 것이 감히 앞을 다툴 수 있겠는가! 꾀꼬리 소리가 바야흐로 껄끄럽고, 벌통이 아직 소란스럽지 않을 때, 이른 봄에 독보(獨步)하여 스스로 그 천성을 온전히 한다.

깊은 곳에 행적을 감춘 것에 있어서는, 맑고 깊은 곳에 형체를 기탁하고, 시전(市廛)에 이웃함을 수치로 여기고, 기꺼이 암혈(巖穴)에 숨었으니, 강복야(江僕射: 江總)[18]의 외로운 등불처럼 적막함을 향해도 처량함을 원망하지 않고, 도팽택(陶彭澤: 도연명)의 삼경(三徑)이 오래 한가하여도 조용히 결탁함이 없었다. 참으로 본성을 변하지 않으니, 바야흐로 엄연한 군자(君子)의 절개이다. 애오라지 붓을 적셔 회포를 붙여서 후세의 현명한 사람들에게 보이고자 한다.

종부(從父)께서 보고는 그것에 힘을 쓰라고 하셨다. "모든 나무들이 쓰러져 있을 때 매화꽃만이 다시 피어나서, 옥처럼 선 얼음 자태가 그 본성을 바꾸지 않으니, 그대는 잘 체물(體物)하여 영원히 곧고 굳음을 보존하도록 하라."

垂拱三年, 余春秋二十有五. 戰藝再北, 隨從父之東川授館官舍, 時病連月, 顧瞻圮牆, 有梅一本, 敷葩於榛莽中. 喟然歎曰:"斯梅, 托非其

所, 出羣之姿, 何以別乎? 若其貞心不改, 是則可取也已!" 感而成興, 遂作賦曰:

高齋寥闃, 歲晏山深, 景翳翳以斜度, 風悄悄以亂(龍)吟. 坐窮簷以無朋, 命一觴而孤斟. 步前除以躑躅, 倚藜杖於牆陰. 蔚有寒梅, 誰其封植? 未綠葉而先葩, 發青枝於宿枿, 擢秀敷榮, 冰玉一色. 胡雜還於衆草, 又蕪沒於叢棘, 匪王孫之見知, 羌潔白其何極.

若夫瓊英綴雪, 絳萼著霜, 儼如傅粉, 是謂何郎; 清香潛襲, 疏蕊暗臭, 又如竊香, 是謂韓壽; 凍雨晚濕, 夙露朝滋, 又如英皇泣於九疑; 愛日烘晴, 明蟾照夜, 又如神人來自姑射; 煙晦晨昏, 陰霾晝閣, 又如通德, 掩袖擁髻; 狂颷捲沙, 飄素摧柔, 又如綠珠, 輕身墜樓. 半含半開, 非黙非言, 溫伯雪子, 目擊道存; 或俯或仰, 匪笑匪怒, 東郭順子, 正容物悟. 或憔悴若靈均, 或敧傲若曼倩, 或嫵媚如文君, 或輕盈若飛燕, 口吻雌黄, 擬議難徧.

彼其藝蘭兮九畹, 采蕙兮五柞, 緝之以芙蓉, 贈之以芍藥, 玩小山之叢桂, 掇芳洲之杜若, 是物皆出於地產之奇, 名著於風人之托. 然而豔於春者, 望秋先零; 盛於夏者, 未冬已萎. 或朝甦而速謝, 或夕秀而遄衰.

曷若玆卉, 歲寒特妍, 氷凝霜洹, 擅美專權? 相彼百華, 孰敢爭先! 鶯語方澀, 蜂房未喧, 獨步早春, 自全其天.

至若棲迹隐深, 寓形幽絕, 恥鄰市廛, 甘遯巖穴, 江僕射之孤鐙向寂, 不怨悽迷; 陶彭澤之三徑長閒, 曾無憎結. 諒不移於本性, 方可儼乎君子之節. 聊染翰以寄懷, 用垂示於來哲.

從父見而扃之曰萬木僵仆, 梅英再吐; 玉立冰姿, 不易厥素, 子善體物, 永保貞固.

1) 하랑(何郞)은 위(魏)나라 하안(何晏). 용모가 아름답고, 얼굴이 지극히 하얗기 때문에 '분바른 하랑[傅粉何郞]'이란 별칭을 얻었음.
2) 한수(韓壽)는 진(晋)나라 남양(南陽) 도양(堵陽)사람으로 용모가 아름다웠는데, 사공(司空) 가충(賈充)의 사공연(司空掾)을 지냄. 혜제(惠帝)가 서역(西域)에서 공물로 바친 기이한 향(香)을 특별히 가충에게 하사하였는데, 그 딸이 한수를 사모하여 그 향을 훔쳐서 한수에게 주었음. 나중에 가충이 그것을 알고 한수를 사위로 삼았음. 이로 인하여 한수절향(韓壽竊香)이란 고사성어가 생겨났음.
3) 여영(女英)과 아황(娥皇)은 요(堯)의 두 딸로서 순(舜)의 두 비(妃)였음. 순이 남정(南征)을 하다 창오(蒼梧)의 구의산(九疑山)에서 죽자, 여영과 아황이 달려가 피눈물을 흘려서 반죽(斑竹)이 생겨났으며, 둘 다 상수(湘水)에 투신하여 상수의 신 상비(湘妃)가 되었다고 함.
4) 번통덕(樊通德)은 후한(後漢) 영현(伶玄)의 첩인데, 조비연(趙飛燕))의 여사(女史)였기 때문에 조비연 자매의 일을 능히 말할 줄 알았는데, 영현이 말하기를 "그 사람들은 이미 재가 되어 없어졌소. 정신을 피로케 하면서 기욕(嗜慾)에 내달렸지만 어찌 끝내는 황폐한 밭의 들풀이 될 줄을 알았으리오?"라고 하니, 번통덕은 소매로 얼굴을 가리며 촛불 그림자를 보면서 손으로 머리를 감싸 쥐고 처량하게 울었다. 이로 인하여 영현은 『비연외사(飛燕外史)』를 지었다고 함.
5) 녹주(綠朱)는 진(晉)나라 석숭(石崇)의 애첩. 한 권력가가 자신을 탐내자 높은 누대에서 투신하여 자신의 정절을 지켰음. 추루인(墜樓人)이라 부림.
6) 온백설자(溫伯雪子)는 『장자·전자방(田子方)』에 나오는 인물. 일찍이 노(魯)나라에 머물고 있을 때 공자(孔子)가 찾아가 만났다고 함.
7) 동곽신자(東郭愼子)는 『장자·전자방(田子方)』에 나오는 동곽순자(東郭順子)의 잘못. 인물됨이 참되고 모습이 천연스러웠는데, 용모를 단정히 하여 무도한 사물을 깨치게 하고, 사람의 욕망을 사라지게 하였다고 함.
8) 영균(靈均)은 초(楚)나라 굴원(屈原)의 자(字).
9) 만천(曼倩)은 한(漢)나라 동방삭(東方朔)의 자(字).
10) 문군(文君)은 한(漢)나라 탁문군(卓文君). 딕윙(卓工)의 딸로서 자태가 아름다웠는데, 일찍이 과부가 되어 사마상여(司馬相如)와 함께 가출하여 주점을 경영한 바가 있음.
11) 비연(飛燕)은 조비연(趙飛燕). 몸이 가냘프고 가벼워서 손바닥 위에서 춤을 추었다고 함.

12) 『楚辭·離騷』에서 "余旣滋蘭之九畹兮"라고 하였음. 원(畹)은 면적의 단위. 1원은 12무(畝)임.
13) 오작(五柞)은 한(漢)나라 이궁(離宮)의 이름.
14) 『楚辭·離騷』에서 "製芰荷以爲衣兮, 集芙蓉以爲裳"이라 하였음. 부용(芙蓉)은 연꽃의 이칭.
15) 『詩經·鄭風·溱洧』에서 "維士與女, 伊其將謔, 贈之以勺藥"이라 하였음.
16) 소산(小山)은 한(漢)나라 회남왕(淮南王) 유안(劉安). 그의 「초은사(招隱士)」에서 "桂樹叢生兮山之幽"라고 하였음.
17) 『楚辭·九歌·湘君』에서 "采芳洲兮杜若"이라 하였음.
18) 강복야(江僕射)는 진(陳)나라 강총(江總). 진나라 복야상서령(僕射尙書令)을 지냈음.

• 송경(宋璟: 663~737): 당(唐) 형주(邢州) 남화(南和) 사람. 젊어서부터 경개(耿介)하여 대절(大節)이 있었음. 약관에 진사가 되어 봉각사인(鳳閣舍人)을 지냄. 측천(則天)이 몹시 중시함. 예종조(睿宗朝)에서 이부상서(吏部尙書) 동중서문하(同中書門下) 3품을 지내고, 개원(開元) 때 시중(侍中)을 지내고 광평군공(廣平郡公)에 봉해지고, 나중에 상서(尙書)가 되었음. 요숭(姚崇)과 함께 현종(玄宗)을 보필하여 개원지치(開元之治)를 이루었음. 25세 때 지은 「매화부」가 인구에 회자된다.

장자(張鎡)의 「옥조당매품(玉照堂梅品)」

매화는 천하의 신기(神奇)이다. 그래서 시인들이 더욱 몹시 좋아하는 것이다. 순희(淳熙) 을사(乙巳)년, 나는 남호(南湖) 물가에 있는 조씨(曹氏)의 황폐한 원포(園圃)를 얻었다. 고매(古梅) 수십 그루가 있었는데 산만한 채 가꾸지를 않았다. 이에 쓰고 있지 않는 땅 십 무(畝)에다 옮겨 심어서 대열을 이루고, 서호(西湖) 북산(北山) 별포(別圃)의 강매(江梅)를 더 가져오니 모두 삼백여 그루였다. 당(堂) 수 칸을 지어서 그것에 마주하게 하고, 또 양실(兩室)로써 옆을 끼게 하였는데, 동쪽에는 천엽상매(千葉緗梅)를 심고, 서쪽에는 홍매(紅梅)를 심어서 각기 일이 십 장(章)이었다. 그 앞에 헌(軒)을 지었는데, 기둥을 당의 숫자와 같게 하였다. 꽃철에는 그 안에 머물러 묵었는데, 밝고 정결하게 환하게 비추어서 밤에는 옥색 달빛 같았다. 그로 인하여 이름을 옥조(玉照)라고 했다. 다시 개울을 터서 빙 두르게 하고 작은 배로 왕래하니, 비로소 반나절이면 머물다 갈 수 있었다. 이로부터 객들 가운데 계은(桂隱)을 유람하는 사람이 있으면 반드시 구경하기를 청하였다. 지난번 태보(太保) 주익공(周益公) 병균(秉鈞)이 하루는 내가 동각(東閣)에 가서 정좌하고 있을 때, 나를 돌아보며 말했다. "「한 척 배가 곧장 꽃길 십리를 뚫어가니, 온 성에 이보다 좋은 풍광이 없네.」라고 했으니, 가경(佳境)을 볼 수 있다." 대개 내가 옛날에 지은 시의 끝 구절이었는데, 여러 객들이 서로 함께 선망하며 사모하였다. 이에 옥조당에 놀러

온 사람들은 또한 반드시 보기를 청하였다. 봄추위를 당하더라도 또한 능히 꽃을 머물러두고서 맹월(孟月: 첫 달)을 넘기고야 비로소 활짝 피었다. 명인(名人) 재사(才士)들의 제영(題詠)이 층으로 쌓였는데, 또한 이 꽃을 저버리지 않았다고 하겠다. 다만 꽃의 아름다움과 수려함이 기후가 맑고 아름답지 못하면 적절하지 못했다. 또한 표운(標韻)의 고특(孤特)함이 삼려대부(三閭大夫: 굴원)나 수양산(首陽山)의 백이와 숙제와 같아서 차라리 산택(山澤)에서 말라죽을지언정 끝내 기꺼이 머리 숙이고 숨죽이며 세속의 오염을 받으려 하지 않는다. 간혹 몸소 기뻐하는 모습이 있더라도, 이 마음은 낙락(落落)하여 서로 만나려 하지 않고, 심지어 오염된 부근에서는 대략 스스로 꽃을 피우지 않는다. 꽃이 비록 객을 돌아보더라도, 우리들 흉중(胸中)은 공허하여 몇 번이나 꽃 때문에 부르짖으며 원망을 호소했던가? 세 번이나 여러 번 탄식할 뿐이 아니니, 한 번의 탄식으로 만족하게 여기지 않았다. 그 성정(性情)을 헤아려 봄으로써, 장려하고 보호할 계책을 생각하였는데 여러 달 만에 그것을 얻었다. 지금 대략 꽃의 의칭(宜稱)·증질(憎嫉)·영총(榮寵)·굴욕(屈辱) 등 네 가지 일에 대해 모두 오십 팔 조(條)를 적어서 당(堂) 위에 걸어놓고, 오는 사람들로 하여금 경계하여 반성하는 바가 있게 하고자 한다. 세상 사람들은 매화의 아름다움만 알 뿐, 그것을 사랑하고 공경하지는 못한다. 만일 나의 말이 전해져 암송된다면 또한 부끄러운 기색이 있게 되리라. 소흥(紹興) 갑인(甲寅) 인일(人日), 약재거사(約齋居士)가 쓰다. (장자(張鎡)『남호집(南湖集)』)

梅花, 爲天下神奇, 而詩人, 尤所酷好. 淳熙歲乙巳, 予, 得曹氏荒圃於南湖之濱, 有古梅數十, 散漫弗治, 爰輟地十畝, 移種成列, 增取西湖北山別圃江梅, 合三百餘本. 築堂數間以臨之, 又挾以兩室, 東植千葉緗梅; 西植紅梅, 各一二十章, 前為軒檻如堂之數. 花時, 居宿其中, 瑩潔輝映, 夜如珂月, 因名曰玉照. 復開澗環繞, 小舟往來, 未始半月捨去. 自是, 客有遊桂隱者, 必求觀焉. 頃亞太保周益公秉鈞, 予嘗造東閣坐甫定, 首顧予曰: "一棹徑穿花十里, 滿城無此好風光, 人境可見矣." 蓋予舊詩尾句, 眾客相與歆豔. 於是, 遊玉照者, 又必求觀焉. 值春凝寒, 又能留花, 過孟月始盛. 名人才士, 題詠層委, 亦可謂不負此花矣. 但花豔並秀, 非天時清美不宜, 又標韻孤特, 若三閭大夫·首陽二子, 寧槁山澤, 終不肯頰首屏氣, 受世俗湔拂. 間有身親貌悅, 而此心落落, 不相領會, 甚至於汙褻附近, 略不自揆者. 花雖眷客, 然我輩胸中空洞, 幾為花呼叫稱冤, 不特三歎屢歎不一歎而足也. 因審其性情, 思所以為獎護之策, 凡數月乃得之. 今疏花宜稱·憎嫉·榮寵·屈辱四事, 總五十八條, 揭之堂上, 使來者, 有所警省. 且世人徒知梅花之佳, 而不能愛敬之. 使予之言, 傳聞流誦, 亦將有愧色云. 紹興甲寅人日, 約齋居士書.

꽃과 잘 어울리는 것(花宜稱) 26조(條)

옅은 그늘, 새벽 해, 옅은 추위, 보슬비, 옅은 안개, 좋은 달, 석양, 옅은 눈발, 저녁 놀, 진기한 새, 외로운 학, 맑은 개울, 작은 다리, 대나무 옆, 소나무 아래, 밝은 창문, 성긴 울타리, 푸른 언덕, 초록 이끼, 구리 병[銅甁], 종이 장막, 숲 사이에서 피리 부는 것, 무릎 위 가로놓인 금(琴), 바위 바둑판에 바둑 두는 것, 눈을 쓸고 차를 끓이는 것, 미인이 옅은 화장을 하고 비녀를 꽂은 것.

為澹陰, 為曉日, 為薄寒, 為細雨, 為輕烟, 為佳月, 為夕陽, 為微雪, 爲晩霞, 爲珍禽, 爲孤鶴, 爲淸溪, 爲小橋, 爲竹邊, 爲松下, 爲明窓, 爲疎籬, 爲蒼厓, 爲綠苔, 爲銅甁, 爲紙帳, 爲林間, 吹笛, 爲膝上橫琴, 爲石枰下棋, 爲掃雪煎茶, 爲美人澹粧簪戴

꽃이 미워하는 것(花憎嫉) 14조

광풍(狂風), 이어지는 비, 작열하는 햇볕, 모진 추위, 못생긴 부인, 속된 사람, 늙은 까마귀, 나쁜 시[惡詩], 시사(時事)를 얘기 하는 것, 관직 임명에 대해 논하는 것, 꽃길에서 갈도(喝道)하는 것, 꽃을 대하고 붉은 장막을 치는 것, 꽃을 감상하면서 고판(鼓板)을 치는 것, 시를 지으면서 국 끓이는 일과 역사(驛使)의 일을 인용하는 것.

爲狂風, 爲連雨, 爲烈日, 爲苦寒, 爲醜婦, 爲俗子, 爲老鴉, 爲惡詩, 爲談時事, 爲論差除, 爲花徑喝道, 爲對花張緋幌, 爲賞花動鼓板, 爲作詩用調羹驛使事

꽃이 영광되게 총애 받는 것(花榮寵) 6조

연기와 먼지에 오염되지 않는 것, 방울을 매단 줄로 보호 받는 것, 거울처럼 정결히 땅을 쓸어서 떨어진 꽃잎이 검게 물들지 않는 것, 왕공(王公)이 아침저녁으로 머물러 바라보는 것, 시인이 붓을 던지고 평가하는 것, 묘령의 기녀가 옅은 화장을 하고 고아하게 노래하는 것.

爲烟塵不染, 爲鈴索護持, 爲除地鏡淨落瓣不淄, 爲王公旦夕留盼, 爲詩人閣筆評量, 爲妙妓澹粧雅歌

꽃이 굴욕 받은 것(花屈辱) 12조

주인이 일을 좋아하지 않는 것, 주인이 인색한 것, 부잣집 동원 안에 심어진 것, 추비(麤婢)라고 이름 짓는 것, 서리게 얽어서 병풍을 만드는 것, 꽃 감상을 외람된 기녀에게 명하는 것, 용렬한 중의 창 아래에 심는 것, 주식점(酒食店) 안에 병에 꽂는 것, 나무 아래 개똥이 있는 것, 가지 아래서 의상을 말리는 것, 푸른 종이의 병풍에 분(粉)으로 그림 그리는 것, 굽은 거리의 더러운 도랑가에 자라게 하는 것.

爲主人不好事, 爲主人慳鄙, 爲種富家園內, 爲與麤婢命名, 爲蟠結作屛, 爲賞花命猥妓, 爲庸僧窓下種, 爲酒食店內揷瓶, 爲樹下有狗矢, 爲枝下晒衣裳, 爲靑紙屛粉畵, 爲生猥巷穢溝邊

- 장자(張鎡: 1153~?): 송(宋)나라 성기(成紀) 사람. 자는 공보(功甫), 호는 약재(約齋). 장준(張俊)의 증손자. 관직은 봉의랑(奉議郞), 직비각(直秘閣) 등을 지냄. 죽석(竹石)과 고목(古木) 등을 잘 그렸으며, 글씨에도 뛰어났다. 저서로 『사학규범(仕學規範)』과 『남호집(南湖集)』이 있음.

유종원(柳宗元)의 「조사웅이 매화 아래에서 취하여 쉬다(趙師雄醉憩梅花下)」

　　수나라 개황(開皇) 중, 조사웅(趙師雄)이 나부산(羅浮山)으로 좌천되었을 때, 하루는 날이 차가운 석양에 반쯤 취해 있었다. 그래서 솔숲 사이의 주막에 종복과 수레를 쉬게 하였다. 옆집에 사는 한 여인을 보았는데, 곱게 화장을 하고 소복차림으로 나와서 사웅을 맞이하였다. 때는 이미 어둠이 깔리고, 잔설만이 달빛을 마주하고 희미하게 밝았다. 사웅은 기뻐하며 함께 말을 나누었다. 다만 방향(芳香)이 끼쳐옴을 느꼈는데, 그녀의 언어는 지극히 맑고 아름다웠다. 그래서 사웅은 그녀와 더불어 술집 문을 두드려 여러 잔을 얻어서 함께 술을 마셨다. 얼마 후 한 녹의동자(綠衣童子)가 와서 즐겁게 노래하고 춤을 췄다. 그것 또한 볼 만하였다. 이윽고 취하여 모두 잠이 들었는데, 사웅 또한 몽롱하였다. 다만 풍운(風雲)의 기운이 엄습함을 느꼈다. 시간이 오래되어 동방이 이미 밝아 있었다. 사웅이 일어나 둘러보니 곧 큰 매화나무 아래 있었다. 그 위에는 푸른 새 한 마리가 재잘대고 있었다. 망연히 기다리고 있는데 달은 지고 삼성(參星)도 기울어, 다만 슬플 뿐이었다. (유종원(柳宗元), 『용성록(龍城錄)』)

　　隋開皇中, 趙師雄, 遷羅浮. 一日, 天寒日暮, 在醉醒間, 因憩僕車於松林間酒肆傍舍. 見一女子淡粧素服出迓師雄. 時已昏黑, 殘雪對月色微明. 師雄, 喜之與之語. 但覺芳香襲人, 語言極清麗. 因與之扣酒家門,得數盃, 相與飮. 少頃, 有一綠衣童, 來. 笑歌戲舞, 亦自可觀. 頃醉寢. 師雄, 亦懵然. 但覺風寒相襲, 久之, 時東方已白. 師雄, 起視, 乃在大梅花樹下, 上有翠羽啾嘈. 相顧月落參橫, 但惆悵而爾.

• 유종원(柳宗元: 773~819): 당(唐)나라 하동(河東) 해(解) 사람. 자는 자후(子厚). 예부원외랑(禮部員外郞), 유주자사(柳州刺史) 등을 지냄. 문장에 뛰어나서 한유(韓愈)와 함께 '한류(韓柳)'라고 병칭됨. 시에도 뛰어났음. 저서로 『유하동집(柳河東集)』이 있음.

『송시초(宋詩鈔)』의 「임포화정시초(林逋和靖詩鈔)」

　임포(林逋)는 자가 군복(君復)이고, 항주(杭州) 전당(錢塘) 사람이다. 어려서 고아가 되어 힘써 공부하였는데, 벼슬에 나가지 않기로 각심하고, 서호(西湖) 고산(孤山)에 여막을 짓고 살았다. 진종(眞宗) 황제가 그 명성을 듣고 곡식과 비단을 내려주고, 장리(長吏)에게 세시(歲時) 때마다 문안하도록 하였다. 임종(臨終) 때 "무릉(茂陵)에서 훗날 유고(遺稿)를 구할 때, 오히려 봉선서(封禪書)가 없었음을 기뻐하리라."라고 했다. 당시 사람들이 그의 뜻과 학식을 고상하다고 여겼다. 화정 선생(和靖先生)이라고 시호를 내렸다. 포(逋)는 장가가지 않아 자식도 없었는데, 거처에 매화를 많이 심고 학을 길렀다. 호수에 배를 띄우고 있을 때, 객이 오면 학을 풀어놓아 그를 오게 하였다. 그로 인해 매화를 처로 삼고 학을 자식으로 삼았다[梅妻鶴子]고 하였다고 한다. 그의 시(詩)는 평담수미(平澹邃美)하고, 취향(趣向)이 넓고 고원했기 때문에 시어가 고요하고 바름을 위주로 하고, 풍자와 기롱을 드러내지 않았다. 매성유(梅聖俞)가 말하기를 "그 시들을 읊어보면, 사람들에게 온갖 일을 잊게 하는데, 대략 왕유(王維)와 맹호연(孟浩然)의 유(幽)를 막고, 유장(劉章)의 일(逸)을 폈다"라고 했다. 구양(歐陽) 문충공(文忠公)은 그가 읊은 매화시 '소영횡사(疎影橫斜)' 한 연(聯)을 사랑하여 말하기를 "이전 시대에 이런 구절은 없었다"고 했다. 황부옹(黃涪翁: 黃庭堅)은 '설후원림(雪後園林)' 두 말이 그것보다 낫다고 여겼다. 대개 한쪽은 신운(神韻)을 취한 것이고, 또 한쪽은 의취(意趣)를 취한 것인데 모두 뛰어난 구절들이다. 그런데 구양수가 칭찬한 것을 아는 사람은 많은데, 부옹(涪翁)이 칭찬 한 것을 아는 사람은 적다. 지은 것이 비록 많았지만 원고를 남겨둔 적이 없었다. 어떤 이가 그것을 질문하니, 대답하기를 "나는 일시에도 명성을 취하려고 하지 않는데, 하물며 후세이겠는가?"라고 하였다. 그래서 남아 있는 것이 백 개 중 한둘도 남아 있지 않다. 예를 들면 당시에 칭송받았던 그의 오언시 "잡초 뻘밭에 게가 지나가고, 구름 낀 나무엔 자고새가 우네(草泥行郭索, 雲木叫鉤輈)"와 같은 구절은 문집 속에서 이미 찾아볼 수가 없다. 그 나머지도 없어져버린 것을 미루어 알 수 있다.

(송시초(宋詩鈔) 권13)

　　林逋, 字君復, 杭之錢塘人, 少孤力學, 刻志不仕, 結廬西湖孤山. 真宗, 聞其名, 賜粟帛, 詔長吏歲時勞問. 臨終詩, 有"茂陵他日求遺稿, 猶喜曽無封禪書." 時人, 髙其志識. 賜諡和靖先生. 逋不娶無子, 所居多植梅畜鶴, 泛舟湖中, 客至則放鶴致之, 因謂梅妻鶴子云. 其詩, 平澹邃美, 而趣向博遠, 故辭主靜正, 而不露刺譏. 梅聖俞, 謂: "詠之, 令人忘百事, 大數塞王孟之幽, 而擯劉韋之逸." 歐陽文忠, 愛其詠梅花詩'疎影橫斜'一聯, 謂: "前世未有此句." 黄涪翁, 則以'雪後園林'二語為勝之. 葢一取神韻, 一取意趣, 皆為傑句. 然知歐陽之所賞者, 多; 知涪翁之所賞者, 少也. 所作雖夥, 未嘗留稿. 或問之, 曰: "吾不欲取名于時, 況後世乎?" 故所存, 百無一二. 如當時稱其五言, 有"草泥行郭索, 雲木叫鉤輈"句, 集中已不可得. 其他遺軼, 可知也.

이황(李滉)의 「도산잡영 병기(陶山雜詠 幷記)」

영지산(靈芝山)의 한 줄기가 동쪽으로 나와 도산(陶山)이 되었다. 어떤 이는 말하기를 "그 산이 거듭 솟았기 때문에 도산(陶山)이라 이름 지은 것이다"라고 하였고, 어떤 이는 "산중에 옛날 질그릇을 굽던 부엌이 있었기 때문에 그 사실로써 이름 지은 것이다"라고 하였다. 산이 그다지 높고 크지는 않지만 잡은 자리가 넓고 형세가 뛰어나고, 방위(方位)를 점거함이 치우치지 않았기 때문에 그 주변의 산봉우리와 개울과 골짜기가 모두 공읍(拱揖)하면서 이 산을 둘러싸고 있는 듯하였다. 산의 좌측에 있는 것은 동취병(東翠屛)이라 하고, 우측에 있는 것은 서취병(西翠屛)이라 한다. 동취병은 청량산(淸涼山)으로부터 와서 산의 동쪽에 이르는데 여러 봉우리가 아득하고, 서취병은 영지산(靈芝山)으로부터 와서 산의 서쪽에 이르는데 솟아난 봉우리가 우뚝이 높다. 두 병(屛)이 서로 바라보면서 남쪽으로 이어져 가는데, 굽어져 감돌아 팔구 리쯤에서 동쪽 것은 서쪽을 향하고, 서쪽 것은 동쪽을 향한 채, 남쪽 들판 아득한 곳에서 합세한다. 물은 산 뒤에 있는 것을 퇴계(退溪)라 하고, 산 남쪽에 있는 것을 낙천(洛川)이라 한다. 계곡물은 산 북쪽을 좇아서 산 동쪽에 있는 낙천으로 들어간다. 냇물은 동취병으로부터 서쪽으로 달려가 산의 발목에 이르면, 넓고 맑게 쌓여서 출렁거리는데, 몇 리 사이를 거슬러 올라가도록 깊이가 배를 띄울 수 있다. 금모래와 옥자갈이 맑고 밝게 검푸르게 차가운데, 곧 이른바 탁영담(濯纓潭)이다. 서쪽으로 서취병의 벼랑에 부딪혀서 마침내 그 아래와 나란하게 된다. 남쪽으로 큰 들을 지나 부용봉(芙蓉峯) 아래로 들어간다. 봉우리는 곧 서쪽 것이 동쪽으로 와서 합세하는 곳이다. 처음 내가 퇴계 가에 집터를 잡고 퇴계에 임하여 집 두어 칸을 지어 책을 보관하고 마음을 수양하는 장소로 삼았다. 대개 이미 세 번이나 그 땅을 옮겼는데 곧 비바람에 헐리게 되었다. 게다가 퇴계 가는 고요함에만 치우쳐서 마음을 넓히는 데는 적당하지 않았다. 곧 다시 옮길 것을 계획하고 산 남쪽에 땅을 얻었다. 이에 작은 골짜기가 있어서 앞으로는 강가를 굽어보면서 그윽하고 멀면서 넓었다. 바위 산기슭은 높고 선명하며, 돌샘의 물은 달고 서늘하여 참으로 물러나 은거할 만한 장소로 적당했다. 시골사람이 그 안에 밭을 일구고 있어서 돈을 주고 바꾸었다. 중 법련(法蓮)이 그 일을 맡았는데, 얼마 안가서 법련이 죽자, 정일(淨一)이 그 일을 이어받았다. 정사(丁巳)년에서 신유(辛酉)에 이르는 오 년 사이에 당(堂)과 사(舍) 두 집이 대략 완성되어 깃들 만하였다. 당(堂)은 모두 세 칸으로 중간 한 칸을 완락재(玩樂齋)라고 하였는데, 주선생(朱先生: 朱熹)의 「명당실기(名堂室記)」 중에서 "즐겨 완상하여 내 종신토록 싫어하지 않기에 족하리라"는 말을 취한 것이다. 동쪽 한 칸은 암서헌(巖栖軒)이라 했는데, 주선생의 〈운곡시(雲谷詩)〉 가운데서 "스스로의 믿음을 오래 할 수 없어서, 바위굴에 깃들어 작은 효과를 바라노라"라는 말을 취한 것이다. 또 합하여 편액을 도산서당(陶山書堂)이라 하였다. 사(舍)는 모두 여덟 칸인데, 재(齋)는 시습(時習)이라 하였고, 요(寮)는 지숙(止宿)이라 하였고, 헌(軒)은 관란(觀瀾)이라 하였고, 합하여 편액을 농운정사(隴雲精舍)라 했다. 서당의 동편에 작은 네모난 못을 파서 그 안에 연꽃을 심고 정우당(淨友塘)이라 했다. 또 그 동쪽은 몽천(蒙泉)인데, 샘 위 산기슭을 파서 암서헌과 마주보고 평평하게 하고, 단(壇)을 쌓아서 매화, 대나무, 소나무, 국화를 심고서 절우사(節友社)라 했다. 서당 앞 출입처에는 사립문으로 달고서 유정문(幽貞門)이라 했다. 문 밖의 작은 길이 계곡물을 따라 내려가서 동구(洞口)에 이르면, 두 산기슭이 서로 마주 대하고 있다. 그 동쪽 기슭은 옆구리에다 바위를 뚫고 터를 닦으니, 작은 정자를 세울 만하였으나 힘이 미치지 못하여 다만 그 장소만 남겨두었다. 산문(山門)과 같은 것이 있어서 곡구암(谷口巖)이라 했다. 이로부터 동쪽으로 여러 걸음을 옮겨가면 산록이 말[斗] 만큼 끊기어 바로 탁영담을 당겨온다. 담 위에는 깎인 커다란 바위가 깎여 서 있어서 높이가 십여 길이나 되는데, 그 위를 쌓아서 대(臺)를 만들었다. 소나무 시렁이 해를 가리고, 위는 하늘이고 아래는 물인데, 새들이 날고 물고기들이 뛰논다. 좌우의 병풍같은 푸른 봉우리들이 그림자를 움직이며 푸르름을 머금고 있다. 강과 산의 형세를 한번 바라보면 다 얻을 수 있는데, 천연대(天淵臺)라고 하였다. 서쪽 산기슭에 또한 그와 같이 단을 쌓고 그 이름을 천광운영(天光雲影)이라 했다. 그 뛰어난 경개가 마땅히 천연대에 뒤지지 않았다. 반타석(盤陀石)은 탁영담 속에 있는데, 그 모습이 넓적하게 서리어 있어서 배를 매두고 술잔을 나눌 수 있었다. 매번 장맛비가 넘치면 나란히 모두 잠기었다가, 물이 빠지고 물결이 맑아진 연후에 비로소 모습을 드러

냈다. 나는 항상 고통스럽게 오랜 병에 걸리어, 비록 산에 살더라도 마음껏 독서할 수 없었다. 깊은 근심 속에서 조식(調息)하는 나머지, 때때로 몸이 가볍고 편안하고, 심신(心神)이 씻긴듯 깨어나면 우주를 굽어보고 우러러 보았다. 감개가 이어지면 책을 놓고 지팡이 짚고 나갔다. 헌(軒)에 임하여 연못을 구경하고, 단으로 올라가서 절우사를 찾고, 채소밭을 돌며 약초를 심고, 숲을 뒤져 꽃을 꺾는다. 더러는 바위에 앉아 샘물을 희롱하고, 대에 올라가 구름을 바라본다. 때로는 낚시터 위에서 물고기를 구경하고, 배 안에서 갈매기와 가까이 한다. 마음내키는 대로 가는 곳에서 소요하며 서성이며, 눈에 띠는 대로 흥을 내고, 경치를 만나서 취미를 이루고 흥이 극에 달하면 돌아온다. 한 방안이 고요한데, 도서가 벽에 가득하다. 책상을 마주하고 묵묵히 앉아서 삼가 살피고 연구하여 찾는데, 종종 마음에 합치됨이 있으면 곧 다시 기뻐하며 식사도 잊는다. 만약 합치되지 못함이 있으면 친구에게 묻기도 하였다. 또 그러지 못할 경우 분발하여 해결하려 했으나, 오히려 감히 억지로 통하려고 하지 않았다. 한 쪽에 밀쳐두었다가 때때로 다시 꺼내어 허심으로 생각하며 스스로 깨침을 기다렸다. 오늘도 이와 같이 하고, 내일도 또한 이와 같이 하였다. 만약 산새가 우짖고, 시절의 사물들이 화락하게 무성하고, 바람과 서리가 매섭고, 눈과 달이 빛나고, 사계설의 징치가 같지 않으나 아취 또한 무궁하였다. 스스로 몹시 춥거나, 몹시 덥거나, 몹시 바람이 불거나, 큰 비가 내리지 않는다면, 어느 때 어느 날이건 나가지 않은 적이 없었다. 나가는 것이 이와 같았고, 돌아오는 것 또한 이와 같았다. 이는 곧 한가하게 병을 치료하는 쓸모없는 공업(功業)이다. 비록 옛 사람의 문정(門庭)을 엿볼 수는 없으나, 스스로 마음 속에 즐거워한 바가 얕지 않다. 비록 말이 없고자 하여도 그럴 수 없었다. 이에 장소에 따라 각각 칠언시 한 수씩으로 그 일을 기록하여 모두 열 여덟 절구를 얻었다. 또 몽천(蒙泉), 열정(洌井), 정초(庭草), 간류(澗柳), 채포(菜圃), 화체(花砌), 서록(西麓), 남편(南汻), 취미(翠微), 요랑(寥朗), 조기(釣磯), 월정(月艇), 학정(鶴汀), 구저(鷗渚), 어량(魚梁), 어촌(漁村), 연림(烟林), 설경(雪徑), 역천(櫟遷), 칠원(漆園), 강사(江寺), 관정(官亭), 장교(長郊), 원수(遠岫), 토성(土城), 교동(校洞) 등 오언잡영(五言雜詠) 이십 절구가 있는데, 앞 시에서 다 읊지 못한 남은 뜻을 말하려는 것이었다. 아! 나는 불행히 늦게 먼 지방에서 태어나서, 질박하고 고루하고 들은 것은 없으나, 산림 사이를 돌아보며 일찍 즐길 만한 것이 있음을 알았다. 중년에 망령되게 세상길로 나가서 풍진 속에 엎어져 나그네로 떠돌며 거의 스스로 돌아와서 죽지 못할 줄 알았다. 그 후 나이가 더욱 늙고, 병이 더욱 심해져 가다가 더 넘어졌으나, 세상이 나를 버리지 않아서 내가 부득불 세상을 버리게 되었다. 이에 비로소 우리에서 몸을 빼내어 밭이랑에 투신하게 되었다. 앞에서 이른바 산림의 즐거움이 기약하지 않았어도 내 앞에 당도하였다. 그런즉 내가 지금 쌓인 병이 낫고, 깊은 근심을 열고, 궁로(窮老)의 영역에서 편안하려면, 이를 버리고서 장차 어디서 구하겠는가? 비록 그렇지만, 옛날 산림에서 즐거움을 찾은 이를 살펴보면 또한 두 갈래가 있다. 현허(玄虛)를 사모하여 고상(高尚)을 일삼아 즐겨하는 자가 있고, 도의(道義)

를 기뻐하며 심성(心性)을 기르며 즐겨하는 자가 있다. 전자의 말을 따른다면, 혹시 자신을 결백하게 하느라고 윤리를 어지럽힘에 빠질까 두려운데, 그중 심한 것은 새와 짐승과 함께 무리가 되고서도 잘못이라 여기지 않는 것이다. 후자의 말을 따른다면, 즐겨하는 바가 조박(糟粕)일 뿐이다. 그 전할 수 없는 미묘함에 있어서는 구하면 구할수록 더욱 그럴 수 없으니, 즐거움이 어디에 있겠는가? 비록 그러하나, 차라리 이를 위하여 스스로 힘쓰고, 저것을 위하여 스스로를 속이지는 않으련다. 또한 무슨 여가에 이른바 세속의 영영(營營)한 것이 있음을 알아서 나의 마음 속에 들이겠는가? 어떤 이가 말하기를 "옛날 산을 좋아했던 사람은 반드시 명산을 얻어서 스스로 의탁하였다. 그대가 청량산(淸涼山)에 살지 않고 이곳에 사는 것은 무엇 때문인가?" "청량산은 절벽으로 서서 만 길이나 되고, 위태롭게 절학(絶壑)에 임했기 때문에 늙고 병든 자가 편안할 수 없는 곳이다. 또한 요산(樂山)과 요수(樂水) 가운데 그 어느 하나도 결핍되어서는 안 된다. 지금 낙천(洛川)이 비록 청량산을 지나가지만, 산중에서는 물이 있는 줄 알 수 없다. 나도 본래 청량산에 있고 싶은 바람이 있었다. 그러나 그쪽을 뒤로 미루고 이쪽을 먼저 택함은 산과 물을 겸하여 늙고 병든 몸을 편안하게 하기 때문이었다." "옛사람의 즐거움은 마음에서 얻었고, 외물(外物)에서 빌리지 않았다. 대저 안연(顏淵)의 누항(陋巷)과 원헌(原憲)의 옹유(甕牖)가 어찌 산수에 있었던가? 그러므로 외물에 기대함은 모두 참된 즐거움이 아니다" "그렇지 않다. 저 안연과 원헌이 처한 바는 다만 우연한 것인데 그것을 편안히 여김을 귀하게 여길 수 있었을 뿐이다. 만일 그들에게 이러한 경지를 만나게 했다면 그 즐거움이 어찌 우리 무리보다 더 깊지 않았겠는가? 그래서 공자와 맹자가 산수에 대해 자주 언급하고 깊이 인식하지 않은 적이 없었다. 만약 그대의 말처럼 믿는다면, '증점(曾點)과 같이 하고 싶다'는 탄식이 어찌 특히 기수(沂水) 위에서 발해졌던가? '이 해를 여기서 마치겠다'는 소원이 어찌하여 유독 노봉(蘆峯) 꼭대기에서 읊어졌던가? 이는 반드시 그 이유가 있을 것이다" 그 어떤 사람은 "알겠소" 하고는 물러났다. 가정((嘉靖) 신유(辛酉: 1561)년 동짓날 산주(山主) 노병기인(老病畸人)이 적다.

靈芝之一支東出, 而爲陶山. 或曰: "以其山之再成, 而命之曰陶山也." 或云: "山中舊有陶竈, 故名之以其實也." 爲山, 不甚高大, 宅曠而勢絕, 占方位不偏, 故其旁之峯巒溪壑, 皆若拱揖環抱於此山然也. 山之在左曰東翠屛; 在右曰西翠屛. 東屛, 來自淸涼, 至山之東, 而列岫縹緲; 西屛, 來自靈芝, 至山之西, 而聳峯巍峨. 兩屛相望, 南行迤邐, 盤旋八九里許, 則東者西, 西者東, 而合勢於南野莽蒼之外. 水, 在山後曰退溪; 在山南曰洛川. 溪, 循山北, 而入洛川於山之東. 川, 自東屛而西趨, 至山之趾, 則演漾泓渟, 沿沂數里間, 深可行舟. 金沙玉礫, 淸瑩紺寒, 卽所謂濯纓潭也. 西觸于西屛之崖, 遂竝其下. 南過大野, 而入于芙蓉峯下. 峯, 卽西者東, 而合勢之處也. 始余, 卜居溪上, 臨溪縛屋數間, 以爲藏書養拙之所. 蓋已三遷其地, 而輒爲風雨所壞. 且以溪上偏於闃寂, 而不稱於曠懷. 乃更謀遷, 而得地於山之南也. 爰有小洞, 前俯江郊, 幽夐遼廓, 巖麓悄蒨, 石井甘洌, 允宜肥遯之所. 野人田其中以資易之. 有浮屠法蓮者, 幹其事, 俄而蓮死. 淨一者, 繼之. 自丁巳至于辛酉, 五年而堂舍兩屋粗成, 可棲息也. 堂凡三間, 中一間曰玩樂齋, 取朱先生

「名堂室記」: "樂而玩之, 足以終吾身而不厭"之語也. 東一間曰巖栖軒, 取〈雲谷詩〉: "自信久未能, 巖栖冀微效"之語也. 又合而扁之曰陶山書堂. 舍凡八間, 齋曰時習, 寮曰止宿, 軒曰觀瀾, 合而扁之曰隴雲精舍. 堂之東偏, 鑿小方塘, 種蓮其中, 曰淨友塘. 又其東爲蒙泉, 泉上山脚, 鑿令與軒對平, 築之爲壇, 而植其上梅竹松菊, 曰節友社. 堂前出入處, 掩以柴扉, 曰幽貞門. 門外小徑, 緣澗而下, 至于洞口, 兩麓相對. 其東麓之脅, 開巖築址, 可作小亭, 而力不及, 只存其處. 有似山門者, 曰谷口巖. 自此東轉數步, 山麓斗斷, 正控濯纓, 潭上巨石削立. 層累可十餘丈, 築其上爲臺. 松棚翳日, 上天下水, 羽鱗飛躍, 左右翠屏, 動影涵碧, 江山之勝, 一覽盡得, 曰天淵臺. 西麓, 亦擬築臺, 而名之曰天光雲影. 其勝槩, 當不減於天淵也. 盤陀石, 在濯纓潭中, 其狀盤陀, 可以繫舟傳觴. 每遇潦漲, 則與齊俱入. 至水落波淸, 然後始呈露也. 余, 恆苦積痾纏繞, 雖山居, 不能極意讀書. 幽憂調息之餘, 有時身體輕安, 心神灑醒, 俛仰宇宙, 感慨係之, 則撥書攜筇而出. 臨軒玩塘, 陟壇尋社, 巡圃蒔藥, 搜林擷芳. 或坐石弄泉, 登臺望雲. 或磯上觀魚, 舟中狎鷗. 隨意所適, 逍遙徜徉, 觸目發興, 遇景成趣, 至興極而返. 則一室岑寂, 圖書滿壁, 對案默坐, 兢存研索, 往往有會于心, 輒復欣然忘食. 其有不合者, 資於麗澤. 又不得則發於憤悱, 猶不敢强而通之. 且置一邊, 時復拈出, 虛心思繹, 以俟其自解. 今日如是, 明日又如是. 若夫山鳥嚶鳴, 時物暢茂, 風霜刻厲, 雪月凝輝, 四時之景不同, 而趣亦無窮. 自非大寒大暑大風大雨, 無時無日而不出. 出如是, 返亦如是. 是則閒居養疾, 無用之功業. 雖不能窺古人之門庭, 而其所以自娛悅於中者不淺. 雖欲無言, 而不可得也. 於是, 逐處各以七言一首紀其事, 凡得十八絶. 又有蒙泉, 洌井, 庭草, 澗柳, 菜圃, 花砌, 西麓, 南沜, 翠微, 寥朗, 釣磯, 月艇, 鶴汀, 鷗渚, 魚梁, 漁村, 烟林, 雪徑, 櫟遷, 漆園, 江寺, 官亭, 長郊,遠岫, 土城, 校洞等, 五言雜詠二十六絶. 所以道前詩不盡之餘意也. 嗚呼! 余之不幸晚生遐裔, 樸陋無聞, 而顧於山林之間, 夙知有可樂也. 中年, 妄出世路, 風埃顛倒, 逆旅推遷, 幾不及自返而死也. 其後, 年益老, 病益深, 行益躓, 則世不我棄, 而我不得不棄於世. 乃始脫身樊籠, 投分農畝. 而向之所謂山林之樂者, 不期而當我之前矣. 然則余乃今所以消積病, 豁幽憂, 而晏然於窮老之域者, 舍是, 將何求矣? 雖然, 觀古之有樂於山林者, 亦有二焉. 有慕玄虛, 事高尙而樂者; 有悅道義, 頤心性而樂者. 由前之說, 則恐或流於潔身亂倫, 而其甚則與鳥獸同群, 不以爲非矣. 由後之說, 則所嗜者, 糟粕耳. 至其不可傳之妙, 則愈求而愈不得, 於樂, 何有? 雖然, 寧爲此而自勉, 不爲彼而自誣矣. 又何暇知有所謂世俗之營營者, 而入我之靈臺乎? 或曰: "古之愛山者, 必得名山以自託. 子之不居淸涼, 而居此, 何也?" 曰: "淸涼壁立萬仞, 而危臨絶壑, 老病者, 所不能安. 且樂山樂水, 缺一不可. 今洛川, 雖過淸涼, 而山中不知有水焉. 余, 固有淸涼之願矣. 然而後彼而先此者, 凡以兼山水, 而逸老病也." 曰: "古人之樂, 得之心而不假於外物. 夫顔淵之陋巷, 原憲之甕牖, 何有於山水? 故凡有待於外物者, 皆非眞樂也." 曰: "不然. 彼顔原之所處者, 特其適然而能安之爲貴爾. 使斯人而遇斯境, 則其爲樂, 豈不有深於吾徒者乎? 故孔孟之於山水, 未嘗不亟稱而深喩之. 若信如吾子之言, 則與點之歎, 何以特發於沂水之上? 卒歲之願, 何以獨詠於蘆峯之巓乎? 是, 必有其故矣. 或人, 唯而退. 嘉靖辛酉日南至, 山主老病畸人, 記.

이이순(李頤淳)의 「매화삼첩곡발(梅花三疊曲跋)」

대저 시가 말을 이룸은 모두 삼백편(三百篇: 詩經)에 근본을 두는데, 대개 옛날의 현가(弦歌)이다. 부자(夫子: 孔子)께서 일찍이 삼백편의 뜻을 말했는데, "조수초목(鳥獸草木)의 이름을 많이 알 수 있다"고 했다. 그 때문에 영물(詠物) 작품이 많다. 그런데 매화라는 물건은 또한 초목 중에서 빼어난 것이다. 그래서 삼백편 중에 실린 것이 본래 한둘이 아니다. 후세 시인들이 매부(梅賦)를 지은 것 또한 그 많음을 헤아릴 수 없다. 그런데 유독 소자(蘇子: 蘇軾)의 「송풍정(松風亭)」 시가 세상에서 가장 유명한데, 1운(韻) 3편(篇)으로 매가(梅家)의 절창(絶唱)을 다한 것이다. 그 후 주선생(朱先生: 朱熹)과 우리 선조(先祖: 李滉) 선생이 서로 이어서 그것에 화답했는데, 상하 수백 년 사이에 3곡(曲)을 9번 이루었다. 주선생의 시에서 이른 바 "매화가 스스로 삼첩곡(三疊曲)으로 들어왔다"고 했고, 선조의 시에서 "삼첩곡에 화답한 것은 참람되다"고 한 시구가 그것이다. 그 사물을 끌어와서 흥을 붙여서 읊고 또 읊고, 화답하고 또 화답하면서, 유련(留連)함을 꺼림으로 여기지 않았는데, 어찌 참으로 한 때의 만랑(漫浪)한 읊음일 뿐이겠는가? 나는 매번 봄에 맑은 향이 가득 피어나고, 옥설(玉雪)이 섞여서 어지러울 때면 마음속으로 두 선생의 풍모를 생각하며 우러르지 않은 적이 없다. 곧 다시 그 시구를 외워보면, 또한 나도 모르게 삼첩 안에서 맑은 가락과 고아한 음향이 영연경장(泠然鏗鏘)하여 사람을 몹시 감발

흥기(感發興起)시킨다. 「황화(皇華)」와 「당체(棠棣)」처럼 사람을 즐겁게 할 뿐만이 아니다. 마침내 9편을 차례로 늘어놓고 합하여 1부(部)로 만들었는데, 두 선생의 시어를 취하여 명칭을 '매화삼첩곡(梅花三疊曲)'이라고 하고서 아침저녁의 가영(歌詠)의 자료로 삼았다. 이는 또한 「시서(詩序)」에서 말한 바의 규문(閨門)과 향당(鄕黨)에서 사용한다는 유의(遺意)를 취한 것이다. 편말(篇末)에 함께 한 것은, 내가 스스로 그 참망(僭妄)함을 헤아리지 못하고, 졸루(拙陋)하게 일찍이 이어서 차운한 바의 3편을 내어서 붙여놓은 것이다. 요컨대 학시(學詩)의 가르침을 진술하고자 함이고, 감히 곡을 지어 연주하려는 것은 아니다. 어떤 이가 묻기를 "소씨(蘇氏)의 학문은, 두 선생이 모두 논의한 바가 있다. 그런데 그대는 시를 합하여 1편(編)으로 만들었으니, 향초와 누린내풀을 취해다가 같은 그릇에 넣었다는 비난이 없겠는가?"라고 했다. 나는 일어나서 대답하기를 "소씨의 학문은 참으로 논의할 바가 있다. 그러나 옛사람은 사람 때문에 그 말을 폐지하지 않는다고 했다. 소씨는 시에 있어서 그 성대함을 얻었다. 송풍정운(而松風亭韻)은 더욱 충담간아(冲澹簡雅)하고, 한 글자도 총령기미(葱嶺氣味: 불교색채)를 띠고 있지 않다. 그 제3편의 '도안(道眼)이 이미 불이문(不貳門)에 들어왔다'란 구는 단지 선가어(禪家語)를 차용했을 뿐이다. 진정 맹자(孟子)가 이른 바 "말로써 뜻을 해치지 않는다"는 것이다. 그래서 두 선생이 일찍이 그 시를 사랑하여 차례로 그것에 화답하여서 오랜 시대의 동조(同調)의 감회를 붙인 것이다. 지금 백세(百世) 아래에서 그 심사를 상상해 볼 수 있다. 하물며 죽석화(竹石畫)의 찬(贊)은 후조불이(後彫不

移)의 절조(節操)를 찬미했고, 「적벽부(赤壁賦)」의 구(句)는 그 과욕(寡慾)의 처신을 탄복한 것이다. 두 선생이 소씨의 문에서 취한 것이 있음을 또한 볼 수 있다. 이에 「무의(無衣)」를 함께 『서경』에 늘어놓았고, 「진서(秦誓)」를 함께 『서경』에 기록한 것이다. 성인(聖人)이 대개 또한 취한 것이 있는 것이다"라고 했다. 어떤 이가 물러났다. 마침내 그 문답의 말을 함께 기록하여서 시를 말하는 군자(君子)들에게 고하고자 한다.

 夫詩之爲言, 皆本於三百篇, 蓋古之弦歌也. 夫子, 嘗言三百篇之義, 而曰: "多識於鳥獸草木之名," 以其多詠物之作. 而梅之爲物, 又草木之尤者也. 故見載三百篇中, 固非一二. 而後世詩人之爲梅賦者, 又不勝其多. 然獨蘇子「松風亭」之詠, 最鳴於世, 一韻三篇, 儘梅家之絶唱. 而其後, 朱先生及吾先祖先生, 相繼和之, 上下數百載之間, 三曲九成. 朱詩, 所謂"梅花自入三疊曲", 先詩, "和曾三疊僭"之句, 是也. 則其引物寓興, 賦而又賦, 和之又和, 不以留連爲嫌者, 豈意爲一時漫浪之詠而已哉? 余, 每春月淸香滿發, 玉雪交紛, 心未嘗不懷仰二先生之風, 而輒復諷誦其詩句以來, 則又不覺淸調雅響, 泠然鏗鏘於三疊之中, 使人感發興起之深, 不翅如「皇華」・「常棣」之以燕樂人也. 遂序列九篇, 合成一部, 取二先生詩語, 而名之曰'梅花三疊曲'爲朝夕歌詠之資. 此, 亦有取「詩序」所云用之閨門鄕黨之遺意也. 與篇末矣, 竊不自揆其僭妄, 退出拙陋之所嘗續次者三篇而附之, 要以述學詩之敎, 而非敢爲曲終奏也. 或有問曰: "蘇氏之學, 二先生皆有議焉. 而子之合詩爲一編, 得無取薰蕕同器之譏乎?" 余起而復曰: "蘇學, 誠有可議者. 然古之人不以人廢言. 蘇氏, 於詩得其盛. 而「松風亭」韻, 尤冲澹簡雅, 無一字帶得葱嶺氣味. 其第三篇, '道眼已入不貳門'之句, 只是借用禪家語而已. 則正孟子所謂不以辭害意者也. 故二先生嘗愛其詩而遞和之, 以寄曠世同調之感. 今於百世之下, 可以想得其心事矣. 況竹石畫之贊, 以後彫不移之操美之. 「赤壁賦」之句, 以見其寡慾之處歎之. 則二先生之有取於蘇氏之文, 又可見. 於此乎「無衣」共列於『詩』, 「秦誓」並編於『書』, 聖人蓋亦有取焉." 或人退, 遂並記其答問之語, 以詒諸言詩之君子云.

● 이이순(李頤淳): 1754(영조 30)~1832(순조 32). 본관은 진보(眞寶). 자는 치양(穉養), 초자는 비언(斐彦), 호는 후계(後溪)·만와(晩窩)·긍재(兢齋)·육우당(六友堂)·육우헌(六友軒)·기은(杞隱). 경상북도 봉화출신. 이황(李滉)의 9세손으로, 구몽(龜蒙)의 아들이며, 어머니는 김택동(金宅東)의 딸이다. 이황의 문집을 교검(校檢), 개간(改刊)하고 몽재(蒙齋)·청벽(淸壁)·만호(晩湖) 등의 유문을 수습하여 『계산세고(溪山世稿)』 3책을 만들었다.

뒷말

　지난 1월 말, 나는 악무강독회(樂舞講讀會)의 여러 학우들과 함께 2박 3일간 남도를 일주하였다. 동백꽃과 매화를 구경하고자 함이었다. 첫날은 광주에서 교편을 잡으면서 오랫동안 꽃 사진을 찍어온 김길효 선생의 안내로 장성 필암서원, 영암 월출산의 구림마을, 월남사지, 무위사 등과 강진 다산초당과 백련사 등지를 둘러보았고, 둘째 날은 대둔사(대흥사) 일지암과 달마산의 미황사와 완도 명사십리를 방문하였고, 마지막 날은 완도 정도리 구계동과 해남 녹우당을 찾아보았다.

　남도 유람에서 돌아온 후, 나는 한동안 남도에서 보았던 붉은 동백꽃들이 눈앞에 아른대어 잠마저 설치곤 했다. 특히 월남사지 진각국사비 앞에 만개한 동백나무에서 꿀을 빨아대던 동박새의 무리, 눈 쌓인 일지암의 설중동백, 미황사의 만개한 동백꽃의 불길과 바닥에 처연하게 깔렸던 붉은 낙화는 꿈속에서도 생생하였다.

　그러나 한 가지 못내 아쉬운 것은 만개한 매화를 보지 못했던 것이었다. 그래서 더욱 금방이라도 터질 듯하였던 무위사 홍매의 붉은 꽃망울이 눈앞에서 결코 지워지지 않았다. 그런데 이런 매화에 대한 아쉬운 심회는 나뿐만 아니라 남도여행에 동반했던 여러 학우들 또한 마찬가지였다.

나는 문득 오래 전에 복사하여 서로 나눠가졌던 퇴계 선생의 『매화시첩』을 떠올리고, 그것을 이 기회에 함께 읽어볼 것을 제안했다. 그리하여 2월 한 달 내내, 그간 몇 개월째 계속해오던 『명집례(明集禮)』의 강독과 더불어 『매화시첩』을 함께 읽었다.

　『매화시첩』의 강독에 참여한 학우는 – 강영희(무용학, 석사), 강유경(성균관대 유학과 박사과정수료), 김미영(성균관대 동양철학과 박사과정수료), 성윤선(동덕여대 무용학과 박사과정3기), 손선숙(무용학, 박사), 이종숙(무용학, 박사), 정연희(무용학, 석사), 차명희(성균관대 유학과 박사과정수료), 조혁상(성균관대 한문학과 박사과정수료), 한재표(성균관대 국문과 박사과정수료) 등이다.

　나는 따로 『매화시첩』의 역주를 손질하면서 더욱 남도의 매화 소식이 궁금했다. 그런데 때마침 전남대 호남문화연구소에 일이 있게 되어, 이를 기회로 한 벗을 대동하고 승주 선암사의 고매(古梅)를 찾아갔다. 선암사의 이삼 백년 묵은 고매들은 수십 년 동안 나와 사귀어 온 벗들인데, 무정하게도 봄기운이 활짝 올라있지 않았다. 다만 백매나 홍매 모두 꽃망울만 두툼하게 부풀어 있었을 뿐이다. 애석한 마음으로 발길을 돌려 매화로 유명한 섬진강가 광양 다압마을로 달려갔다. 그런데 그곳 또한 매화가 만개하려면 달포는 더 기다려야 한다는 것이었다. 그러나 다행히도 성급한 매화들이 있어서 몇몇 나무는 이미 활짝 피었고, 심지어는 절정을 넘어선 것도 있었다. 올해 첫 매화와의 상봉이었다. 설레고 기쁜 마음을 가눌 수 없어, 밤새 구례 화엄사 앞에서 동반한 벗과 함께 『매화시첩』을 읽으며 매화음(梅花飮)을 통음(痛飮)했다. 이튿날 화엄사와 산수유로 유명한 지리산 산동마을을 둘러보고 돌아오는 길에 줄곧 도산서원의 매화를 생각했다.

나는 아직 도산서원의 만개한 매화를 본 적이 없다. 그간 도산서원에는 여러 번 갔었지만 그곳 매화와는 아직 인연을 맺지 못했다. 올해는 날이 따뜻하여 예년보다 꽃철이 열흘은 빠를 것이라 한다. 조만간 도산서원의 매화 소식을 들을 수 있을 것이다. 그럼 나의 벗인 소리꾼 서명희 선생에게 매화노래를 청하고, 춤꾼 매화 선자 김미영 선생에게 매화 춤을 청하여, 악무강독회 학우들과 함께 『매화시첩』의 매화시들을 암송하면서 또 한바탕 매화음을 통음하고자 한다.

           2007년 2월 28일 정취재주인

기태완(奇泰完)

중앙대학교 문예창작과를 졸업하고, 성균관대학교 일반대학원 국어국문학과에서 석사·박사를 취득하였다. 성균관대학교 동아시아학술원 대동문화연구원 선임연구원, 홍익대학교 겸임교수, 전남대학교 호남문화연구소 전임연구원 등을 역임하고, 현재 연세대학교 국학연구원 연구교수로 재직하고 있다.
저서로 『황매천시연구』, 『곤충이야기』, 『한위육조시선』, 『당시선』 上·下, 『천년의 향기-한시산책』, 『화정만필』, 『송시선』, 『요금원시선』, 『명시선』 등이 있고, 역서로는 『거오재집』, 『동사화』, 『정언묘선』, 『고종신축의궤』, 『호응린의 역대한시 비평-시수』, 『퇴계 매화시첩』, 『심양창화록』, 『집자묵장필유』 8책 등이 있다.

이광호(李光虎)

서울대학교 철학과에서 학사, 석사, 박사를 취득하고, 한국고전번역원과 태동고전연구소에서 9년간의 한학연수과정을 마쳤다. 태동고전연구소의 교수와 소장을 역임하고, 한림대학교 조교수, 부교수를 거쳐 현재는 연세대학교 교수로 재직하고 있다.
박사논문인 「이퇴계 학문론의 체용적 구조에 관한 연구」 외에 퇴계 이황, 성호 이익, 다산 정약용과 관련된 다수의 논문이 있다. 대표적인 번역서로는 『성학십도』(홍익출판사), 『근사록집해』 1·2(아카넷), 『이자수어』(예문서원) 등이 있다.

퇴계 선생 매화시첩

2011년 12월 30일 초판 1쇄 펴냄
2022년 10월 28일 초판 2쇄 펴냄

엮은이 기태완
감수자 이광호
펴낸이 김흥국
펴낸곳 도서출판 보고사

등록 1990년 12월 13일 제6-0429호
주소 경기도 파주시 회동길 337-15 보고사
전화 031-955-9797(대표), 02-922-5120~1(편집), 02-922-2246(영업)
팩스 922-6990
메일 kanapub3@naver.com/bogosabooks@naver.com
http://www.bogosabooks.co.kr

ISBN 978-89-8433-956-9 93810
ⓒ기태완, 2011

정가 13,000원
사전 동의 없는 무단 전재 및 복제를 금합니다.
잘못 만들어진 책은 바꾸어 드립니다.